同济大学经济与管理学院资助出版

产业升级新情境下的
调度优化研究

梁 变 彭江涛 著

同济大学出版社
TONGJI UNIVERSITY PRESS
·上海·

图书在版编目(CIP)数据

产业升级新情境下的调度优化研究 / 梁变,彭江涛著. —上海：同济大学出版社，2023.5
ISBN 978-7-5765-0582-5

Ⅰ.①产… Ⅱ.①梁…②彭… Ⅲ.①产业结构升级—研究 Ⅳ.①F264

中国国家版本馆CIP数据核字(2023)第001692号

产业升级新情境下的调度优化研究
CHANYE SHENGJI XIN QINGJING XIA DE DIAODU YOUHUA YANJIU

梁 变 彭江涛 著

责任编辑 丁国生　　责任校对 徐春莲　　封面设计 陈益平

出版发行	同济大学出版社　www.tongjipress.com.cn (地址：上海市四平路1239号　邮编：200092　电话：021-65985622)
经　　销	全国各地新华书店、网络书店
排版制作	南京展望文化发展有限公司
印　　刷	江苏凤凰数码印务有限公司
开　　本	710 mm×1000 mm　1/16
印　　张	11
字　　数	220 000
版　　次	2023年5月第1版
印　　次	2023年5月第1次印刷
书　　号	ISBN 978-7-5765-0582-5
定　　价	78.00元

本书若有印装质量问题,请向本社发行部调换　　版权所有　侵权必究

前言
FOREWORD

随着经济全球化的发展和制造业的新一轮升级,企业面临的内外部竞争压力越来越大。包括业务增长、自然灾害、人为事故、政策因素、公司能力和资金链断裂等在内的各种因素,容易对企业的生产运营产生各种影响。如何更好地应对各种不稳定状况,优化调度已成为当下企业的痛点问题和学术界的研究热点问题。

本书以产业升级新情境下的调度优化研究为主题,收录了同济大学优秀硕士学位论文2篇,重点讨论了相关调度问题的算法设计,该算法设计在企业的实际运营中得到了验证和支持,有效丰富了企业运营管理的理论体系和研究方法,也为相关行业和企业的实际运营提供了参考。

第一篇作者为同济大学经济与管理学院管理科学与工程专业的梁变。我国民航业正处于规模速度型向质量效率型转变、发展动力从要素投入驱动向创新驱动转变的阶段,面对航班量快速增长引发的资源保障压力,机场和航空公司正在积极探索运用运筹规划和人工智能等方法,解决有限资源的优化配置难题,打造智慧民航项目。将机场和航空公司的实际问题表述成数学模型并设计相应的求解算法,是智慧民航项目落地的基础。本篇在不确定环境的背景下,从机场和航空公司两个视角分别研究三个不同特点的决策优化问题。第1个问题为研究航班实际到达时间不确定且分布不确定的跑道调度,以最小化跑道占用时间和航班偏离时间为优化目标,建立分布式鲁棒的两阶段跑道调度模型,利用部分参数信息构建近似最坏情况的离散分布,设计了一种结合遗传算法的混合样本均值近似求解算法。受跑道调度的影响,航班值机时间存在随机性,因此第2个问题为研究任务开始时间不确定的值机人员调度,建立两阶段的随机人员调度模型,采用逐步对冲算法作为模型求解策略。考虑到跑道调度的航班机型构成取决于航空公司的航线-机型指派,因而第3个问题为研究旅客需求不确定的航线-机型指派,以最大化客票收益为目标,建立规避风险的两阶段航线-机型指派模型,利用样本均值近似算法和启发式算法求解。本篇进行了模型参数和算法对比的数值实验,研究结果对机场和航空公司两大主体具有实际指导意义,有利于完善不确定环境下机场跑道调度系统的辅助智能技术,提高地面值机人员的人力资源利用效率和航空公司的收益管理能力。

第二篇作者为同济大学经济与管理学院管理科学与工程专业的彭江涛。本篇对供应失效风险下的企业应急管理相关策略展开研究,提出应对供应失效风险的三种常见角度:金融角度、管理运营角度和与供应商关系角度。在实际应用当中可以组合使用上述角度,解决企业生产环节输入端的供应危机,进而调整生产环节。本篇将输入端与生产过程联合考虑,以与实际加工车间情况较为贴近的柔性作业车间为研究对象,提出供应失效下柔性作业车间的重调度模型,以企业在供应失效危机中的总经济损失最小化为优化目标,分别求出不同外部策略对应的内部最优方案,通过评价比较得出最优内外部决策,并采用改进的遗传算法求解重调度模型,给出重调度方案评价指标。最后就从某模具加工厂采集的实际数据进行仿真实验,与原先方案进行对比验证,确定了模型的有效性。

本书所选的两篇论文,从行业和企业关注的焦点问题入手,对生产调度问题进行数学建模,并设计了优化的算法,同时又给出了相关算法在企业实践当中的效果。两篇论文的研究成果,对于我国民航业和汽车制造业都有较高的参考价值。

同济大学经济与管理学院
2023年1月

目录 CONTENTS

前　言

第一篇　不确定环境下跑道调度和人员调度与机型指派问题的优化研究　梁　变 / 1

一、引言 / 3

（一）研究背景与意义 / 3

（二）研究对象 / 5

（三）研究思路和方法 / 8

（四）主要内容和创新点 / 9

二、文献综述 / 12

（一）机场跑道调度问题 / 12

（二）人员调度问题 / 14

（三）航线-机型指派问题 / 16

（四）分布式鲁棒随机规划的研究 / 18

（五）不确定问题风险衡量的研究 / 19

（六）随机问题的求解算法 / 21

（七）小结 / 22

三、分布式鲁棒的跑道调度优化 / 23

（一）问题描述 / 23

（二）数学模型 / 26

（三）求解算法 / 32

（四）数值实验 / 40

　　（五）案例研究 / 48

　　（六）小结 / 51

四、随机的航站楼值机人员调度问题优化 / 51

　　（一）问题描述 / 52

　　（二）数学模型 / 53

　　（三）求解算法 / 58

　　（四）数值实验 / 62

　　（五）案例研究 / 68

　　（六）小结 / 72

五、风险规避的航线指派问题优化 / 72

　　（一）问题描述 / 73

　　（二）数学模型 / 74

　　（三）求解算法 / 79

　　（四）数值实验 / 83

　　（五）案例研究 / 92

　　（六）小结 / 95

六、总结与展望 / 95

　　（一）本篇总结 / 95

　　（二）研究不足与展望 / 97

参考文献 / 98

附录　第五章案例研究中的航班数据 / 105

第二篇　S公司供应商质量管理改进研究　彭江涛 / 109

一、引言 / 111

　　（一）研究背景 / 111

　　（二）研究的目的与意义 / 112

　　（三）研究的主要内容 / 112

　　（四）研究的主要方法与思路 / 113

二、文献综述与理论基础 / 113
    （一）文献综述 / 113
    （二）供应商质量管理理论概述 / 119

三、S公司供应商质量管理概况与问题分析 / 124
    （一）S公司简介及面临的竞争环境 / 125
    （二）S公司在供应商质量管理中存在的问题 / 129
    （三）S公司供应商质量管理中存在问题的原因分析 / 132

四、提高S公司供应商质量管理水平的对策研究 / 134
    （一）提高S公司供应商质量管理水平的指导原则 / 134
    （二）提高S公司供应商质量管理水平的思路 / 135
    （三）提高S公司供应商质量管理水平的措施 / 136
    （四）实施供应商改进措施后的效果 / 159

五、总结与展望 / 161
    （一）研究总结 / 161
    （二）不足与展望 / 162

参考文献 / 163

第一篇

不确定环境下跑道调度和人员调度与机型指派问题的优化研究

梁 变

摘　　要

  我国民航业正处于从规模速度型向质量效率型转变、从要素投入驱动向创新驱动转变的阶段，智慧民航建设受到我国政府的高度重视。面对航班量快速增长引发的资源保障压力，机场和航空公司积极探索运用运筹规划和人工智能解决如何对有限资源进行优化的难题，从而服务于智慧民航建设。

  为了检验本篇所提模型和算法的效果，分别做了模型参数和算法对比的数值实验。数值实验结果表明，首先，对于跑道调度问题，在模型方面，对比"先到先服务"的调度规则，所提模型能有效地提高跑道调度效率和减少航班偏离时间；在算法方面，相比普通样本均值近似算法，混合样本均值近似算法可求解的问题规模更大。其次，在值机人员调度问题中，逐步对冲算法具备求解大规模问题的能力；不确定的任务开始时间影响人员调度效率，不确定程度越高，所需人员成本越大。最后，在航线-机型指派问题中，通过衡量不确定环境的航线-机型指派的决策风险，模型可以为风险规避型决策主体提供决策支持。具体而言，考虑风险的航线-机型指派模型由于第一阶段决策成本为零，风险规避水平越高，预期的客票收益越高。本篇的研究对机场和航空公司航空运营两大主体具有实际指导意义，有利于完善不确定环境下机场跑道调度系统的智能辅助技术、提高地面值机人员的人力资源利用效率和航空公司收益管理能力，助力智慧民航建设。

一、引言

（一）研究背景与意义

1. 研究背景

随着国民经济发展、国民收入提高以及我国由民航大国向民航强国转变,航空出行逐渐成为百姓的重要出行选择。我国航空客运量从2010年的2.7亿人次增长到2019年的6.6亿人次,年均增长率为10.4%。2018年的年度旅客总数与2017年相比,增长了约6.5%。(艾媒网,2020)预计到2030年,全球年度旅客总数这一数据将超过64亿人次(Rodríguez-Díaz A等,2017)。新中国成立后,尤其是改革开放以来,我国民用机场运输业务量持续快速增长,机场数量持续增加,航班数量不断上升,航线密度持续加大,机队规模持续扩大。民航业发展的新态势对机场和航空公司的治理体系和运行保障能力提出了新的要求。

2019年9月25日,习近平总书记出席北京大兴国际机场投运仪式,对民航工作做出重要指示,要求建设以"平安、绿色、智慧、人文"为核心的"四型"机场。其中智慧机场的定义是生产要素全面物联、数据共享、协同高效、智能运行的机场。为贯彻落实习近平总书记关于"四型"机场建设的指示要求,推进新时代民用机场高质量发展和民航强国建设,中国民航局于2020年1月3日出台了《中国民航四型机场建设行动纲要(2020—2035年)》(中国民用航空局,2020)。2019年12月10日,由民航中南局主办,深圳机场集团、华为公司共同承办的2019年民航中南地区智慧机场建设现场会在深圳机场召开。会议现场发布了《民航中南地区管理局关于支持深圳机场建设智慧机场先行示范的指导意见》和《深圳智慧机场数字化转型白皮书》。此次会议以"拥抱数字化转型,加快推进智慧机场建设"为主题,旨在集中展示民航中南地区智慧机场建设成果,促进中南地区各民航单位以智慧为支撑,共同推动"四型"机场建设取得新成效。

以深圳机场为例,2019年深圳机场年旅客吞吐量超过5 000万人次,其中国际旅客量突破500万人次,日均航班起降超千架次,平均每分钟就有一架航班起降。在业务发展的同时,各项设施资源的利用趋于饱和,迫切需要通过新技术与业务的融合,提升运行品质和运行效率。2017年以来,深圳机场携手华为公司,在行业内率先开启全面数字化转型。至2019年累计投入11亿元,分两期规划建设了近100个智慧化项目,致力于打造"数字化的最佳体验机场"。目前,一期32个子项目已全部落地。其中,"机位资源智能分配系统"通过运筹规划和智能算法,可进行机位自动化、智能化分配。每天抵离深圳机场的有千余架次航班,原先人工分配一个机位需耗时4小时,现在仅需1分钟即可完成。同时,通过智能算法,机场航班靠桥率和廊桥周转率得到进一步提升。仅此一项,预计每年就能让上百万旅客在深圳机场享受近机位出行的便利。

在民航智慧化建设的背景下,除了机场奋力朝"四型"机场转型外,航空公司也努力抓住数字化转型的机遇,积极利用人工智能技术、大数据技术、5G技术实现生产工具的高度智能化、生产保障的安全运行和生产要素的快速连接。

2019年,厦门航空联合阿里云、同济大学共同研发的航班智能恢复系统正式投产,经过不断优化完善算法并进行工程化应用,建成了国内首个航班智能恢复系统,于2019年1月在厦航正式上线试运行,2019年6月正式运行。航班智能恢复系统运用运筹规划和人工智能解决大面积航班调整问题。该系统可以对不正常航班作出快速响应,高效制定航班恢复方案,有助于提高航空公司效益和航班正常率,提升旅客出行体验。2019年5月6日,采用新的排班算法的东方航空新一代客舱运行管控系统上线投产,东方航空机组排班优化模块正式上线。标志着东航的机组排班模式开始从传统手工排班的方法向自动化排班模式迈进。自动排班算法的结果可以最大化地利用机组资源,减轻机组排班人员工作负担,提高机组排班效率。

在看到民航智慧化建设取得一定的成绩的同时,还应看到我国的机场和航空公司与世界先进水平的差距。与世界民航强国相比,我国民航在安全管理、保障能力、运行效率、服务品质和管理水平等方面仍有一定差距,资源环境约束较大、发展不平衡不充分等问题十分突出。具体表现为:① 机场跑道的调度依赖于机场塔台管制人员的人工调度,缺乏智能辅助决策系统支持。由于航班数量的增加,调度决策愈加复杂,加重了塔台调度人员的工作负担和疲劳程度。② 机场航站楼规模越来越大,所需地面服务人员数量增加,人员配备和调度的工作难度提高,传统的计划员手动排班和调度无法快速获得有效的人力资源调度计划的支持。③ 航线密度的增加和航空公司机队规模的扩大,对航空公司的航线-机型分配计划提出了挑战。在激烈的市场竞争下,航线-机型的分配直接影响航空公司的收益和市场占有率,仅依靠计划员知识和经验难以设计出系统最优的航线-机型分配计划。

上述三个问题是我国民航"四型"机场和航空公司数字化转型建设中需要解决的难题。本篇研究智慧机场和航空公司运营管理中涉及的三个资源优化问题，其结果可用于机场和航空公司业务的数字化转型。

2. 研究意义

1) 实际意义

（1）机场跑道调度是影响机场运营效率的关键，跑道的调度受到环境中各种动态因素的影响。本篇将不确定因素纳入研究问题中，研究了航班实际到达时间随机且分布不确定的机场跑道调度问题。该模型的输出方案更加贴合实际情况，调度结果在极端情况下具有稳健性高的特点。该模型和相应的智能求解算法可以辅助塔台调度决策，优化跑道资源调配，最终实现机场智慧化运行。

（2）航站楼值机人员的利用效率直接关系到航班的服务水平和旅客的满意度。值机任务开始时间若不确定，那么确定的人员调度表调度效果差，甚至不可行。针对这一情况，运用本篇中的随机值机人员调度模型，能够实现不确定环境下人员调度，有助于人力资源部门制定不确定环境下的值机人员工作计划。该模型和算法能够实现人员统一调配，实现值机人员和航班任务的无缝衔接。

（3）航线-机型指派问题是影响航司收益和跑道调度的重要因素，考虑到一般随机模型很少将风险纳入优化模型中，本篇从决策主体的风险偏好出发，建立了风险规避的航线-机型指派模型，完善数学模型反映不确定风险的功能，辅助持不同风险态度的决策主体进行决策。该模型和算法能够获得中小规模航线网络的全局最优指派决策。

2) 理论应用意义

本篇针对航班到达时间不确定的跑道调度，研究了到达时间分布不确定的情况，根据部分随机参数信息构建了近似最坏情况的离散分布，设计了整合随机规划问题的启发式算法和智能算法的混合算法。在随机航线-机型指派问题的模型中，引入风险衡量，扩展了风险在资源优化问题运筹规划建模中的应用，丰富了不确定环境下航空运营管理领域的理论体系和研究方法。

（二）研究对象

1. 机场跑道调度问题

给定一组航班集合，不同重量级的航班前后的安全间隔时间不同，航班有起飞/着陆的最早开始时间和最晚开始时间限制，调度人员需要根据这些信息安排每架航班的起飞/着陆时间、起飞/着陆的跑道等。有效的调度决策可以缩短跑道占用时间和航班延误时间,提高跑道运营效率和航班正点率。

巨大的客流量反映的是繁忙的航班起降,由于机场跑道数量有限,借助运筹建模辅助跑道调度决策,有利于提高跑道的利用效率,减少拥堵。受到如天气、机场地面活动、流量管制等不可控的因素影响,实际航班的到达时间是一个随机变量,因此跑道调度是一类随机优化问题。一般的随机规划跑道调度问题假定不确定参数分布信息完全已知,参数分布信息完全已知要求满足两个基本条件: ① 输入参数的不确定性能用某种已知的分布函数刻画;② 输入参数拥有大量的历史数据。然而,现实情况是不确定参数很难满足上述条件。例如,对于机场跑道调度问题,航班的实际到达时间数据量十分有限,每个航班一年的数据量的上界为365。另外,影响航班到达时间的因素很多,没有哪一种概率分布函数可以准确反映这种不确定性。因此,根据掌握的部分航班随机到达时间分布信息,构建随机参数分布模糊的机场跑道调度问题更加贴合实际情况,更加契合实际需求。这类部分信息已知的优化问题以优化最坏场景下跑道调度效果为目标,获得的跑道调度决策更具有稳健性。上述原因驱动了不确定环境下随机参数分布不确定的跑道调度研究。

2. 值机人员调度问题

给定一组人员、人员的情况信息和航班时刻表,值机人员调度负责安排每个班次内人员的值机活动。具体表现为确定何时何地的任务由何人完成,确定员工的休息时间和用餐时间。优化的目标是最小化人员成本。

受跑道调度和其他机场环境不确定因素的影响,航班会出现延误情况,导致进出港航班的旅客上下机时间具有不确定性。不确定的登机时间会打乱航站楼内的地面值机人员调度计划,影响正常值机任务。航空公司或机场需要为地面工作人员安排班次和人员-任务的调度计划,保证旅客能够顺利完成值机手续。值机人员每天分2~4个班次,每个班次需要安排不同资质的员工数量并分配不相冲突的值机任务。在人员班次给定的条件下,如何高效地为每个员工安排任务是影响人员利用率和服务水平的关键。比如,每一项值机活动都需要至少安排一个英语熟练的员工,每项值机任务需要一定数量员工。如果某项任务少安排了一个员工,将增加全部旅客的登机时间,并影响到准确推导航班停机位的时间。由于受跑道调度决策的影响,航班开始值机的时间具有随机性。所以,在制定值机人员的任务调度表时,需要考虑随机因素,设计适应任务开始时间不确定的值机人员调度表。上述原因推动了考虑任务开始时间不确定的值机人员调度研究。

3. 航线-机型指派问题

给定航班时刻表和机队规模,航空公司需要根据航线的需求安排大小合适的机型执飞,安排飞机过夜等。航线不是简单的点对点,而是一个复杂的网络,需要从系统最优的角度考虑。航线-机型指派优化的目标是最大化客票收益,或者说最大化满足旅客需求。

由于航线-机型指派确定了航线的执飞机型,航线-机型指派决策间接影响了跑道调度中的机型集合。航线-机型分配方案需要在运行日之前2~3个月提供,实际需求会随着航班起飞时间的临近逐渐明朗,所以航空公司的航线网络规划问题实际是一个不确定优化问题。过去大部分随机的航线-机型指派问题以最大化期望客票收益为优化目标,鲜有将不确定的风险考虑在内。一旦实际的需求是应对极端不利情况,基于风险中性得到的航线-机型指派决策效果极差。另外,鉴于现实中决策者制定决策时具有规避极端情况风险的偏好,将决策者的风险偏好考虑到随机模型中很有必要。这些原因推动了风险规避的航线-机型指派的研究。

总体来说,本篇从机场跑道调度、值机人员调度和航线-机型指派三个方面分别研究了不确定环境下的航空运营优化问题,这三个问题相互联系且有各自的使用场景。图1-1展示了这三个问题的相互关系。从横向角度看,航线-机型指派决策的输出确定了机场跑道调度问题中的机型类别,跑道调度的决策会影响航班值机人员调度的值机任务开始时间。从纵向角度看,每个决策问题中都含有不确定因素。所以本篇致力于研究这三个联系紧密的航空运营管理问题,以期达到资源的优化配置和智能调度的效果,助力机场的智慧化建设和航空公司的数字化转型。

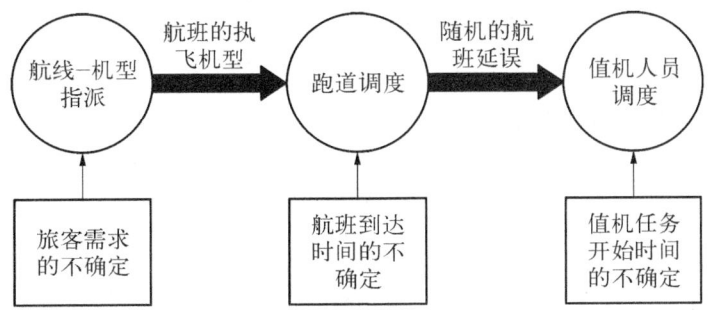

图1-1 本篇研究的三个核心问题

(三) 研究思路和方法

1. 研究思路

确定航空运营管理有限资源的有效规划作为研究对象,侧重于运作层的决策优化。在明确这一方向后,将研究重点集中于航空运营活动中的两大主体——机场和航空公司。

第一步,了解机场和航空公司的业务范围,找出运筹优化技术在实际活动中的落脚点——机场跑道调度、值机人员调度和航线-机型分配。第二步,查找相关领域的优秀期刊和前沿文献,了解此领域的研究现状和所用到的理论和方法如整数规划方法、概率论以及常用的模型求解算法。第三步,从众多文献中,以问题、理论和求解方法等作为划分标准,对收集的文献进行分类;分析不同理论的研究现状和提炼扩展方向,如不确定问题中的随机参数分布信息、完全已知的假设是否适合所有实际问题、不确定航空优化问题中的风险衡量。

最后,建立实际问题的数学模型,设计合适的求解算法,用实际和随机生成的算例进行数值实验,根据实验结果核实模型的正确性和求解算法的有效性。

2. 研究方法

本篇的主要研究方法涉及文献研究、实际问题的数学建模、优化模型的求解算法设计和数值实验四个部分。

(1) 文献分析:首先确定文献来源,参考的主要资料来源渠道包括期刊、出版社和网站,诸如 Informs、爱思维尔(Elsevier)、IEEE、SIAM、Taylor&Francis 等国际出版集团和国内的知网;国内外硕士博士论文;国内外国际会议论文集等。通过广泛的阅读找出优化问题的论述对象,确定了将切合实际环境的不确定优化问题作为研究题目。明确论述对象涉及的具体问题——机场跑道调度、值机人员调度和航线-机型分配,收集相关领域及其相关领域的研究文献,对文献中的研究连贯性和未来研究方向做好梳理工作。然后整理收集随机参数分布不确定和风险衡量在其他领域应用的文献,确定随机参数分布不确定的机场跑道调度模型采用哪类部分统计信息,确定将实际情况中值机活动开始时间的不确定性纳入值机人员调度模型中,确定航线-机型指派模型所采用的风险衡量标准。

(2) 数学建模:依照问题的特点,用一组数学表达式来刻画需要优化的问题。本篇基于两阶段随机混合整数规划的建模方法,采用条件风险值作为风险衡量标准,分别建立了部分信息已知的分布式鲁棒机场跑道调度问题模型、随机的航站楼值机人员调度模型和风险规避的航线-机型指派问题模型。

（3）定量计算：在数学模型构建完后，首先采用 MATLAB 调用 ILOG CPLEX 求解器验证模型的可行性和正确性。对于大规模复杂问题的求解难点，设计有效的求解算法。求解算法主要包括两种：精确方法和启发式方法。针对两阶段随机问题的求解复杂度远远高于确定型版本问题，本篇主要采用启发式的算法。例如以标准商业求解器作为求解器的样本均值近似（Sample Average Approximation，SAA）算法；以样本均值近似为框架，以嵌套遗传算法取代求解器，以聚类抽样为抽样方法的混合样本均值近似算法；启发式的逐步对冲算法（Progressive Hedging Algorithm，PHA）；深度优先搜索算法等。

（4）实证分析：设计算例，算例来自实际问题和随机生成两种。本篇第三、四章的数值算例来自随机生成，案例研究采用真实数据。第五章算例部分来源于某航空公司官网数据，部分来源于随机生成。利用求解算法对生成的算例进行参数灵敏性分析，讨论不同的参数下算法的效果和数值结果影响因素。

（四）主要内容和创新点

1. 主要内容

本篇共分为六章，图 1-2 展示了本篇的整体结构。

第一章介绍航空运营活动中机场跑道调度和航空公司的航线-机型指派问题研究的背景意义，介绍研究对象，给出了研究思路和采用的研究方法，列出研究框架，概括主要研究内容以及本篇的创新点。

第二章为文献综述部分，前三节从问题属性的角度分别梳理了机场跑道调度、值机人员调度和航线-机型指派问题的文献，每节分别梳理确定和不确定两类问题的相关文献。四、五两节分别从研究方法的角度归纳参数分布信息不完全的分布式鲁棒随机规划和不确定问题风险衡量的相关文献。最后一节讨论随机问题的求解算法策略。

第三章以对机场跑道进行调度的问题为研究对象，由于航班到达时间难以用确定的分布模式刻画，考虑不确定环境输入参数信息部分已知，以最小化跑道占用成本和航班延误成本为优化目标，建立分布式鲁棒的跑道调度模型。主要的模型约束为飞机前后的安全间隔要求、航班的时间窗等。本章构建近似最坏情况的航班到达时间的联合离散分布，以样本近似算法为算法框架，在该算法框架中采用嵌套遗传算法代替一般样本近似算法中采用的商业求解器。数值实验部分设置算例，进行参数预实验，比较算法的效率和模型的效果，讨论算法抽样步骤中抽样技术的影响效果。最后通过案例展示，将模型和算法输入结果具体应用于实际随机跑道调度。

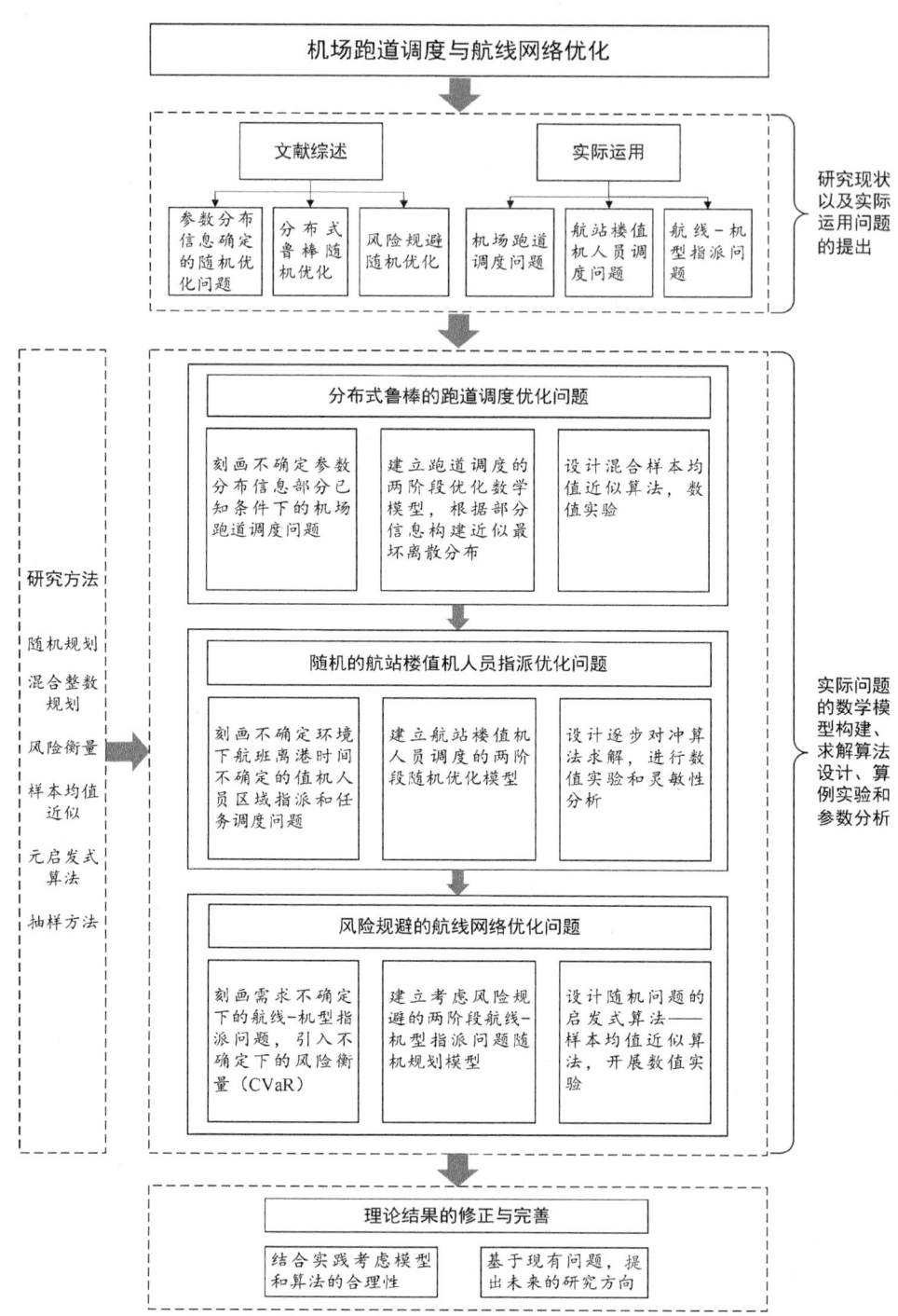

图 1-2 本篇结构框架

第四章以航站楼的值机人员调度为研究对象,考虑航班离港时间存在延误的情况,以任务开始时间为随机变量,建立两阶段的值机人员调度模型,目标函数为最小化加权员工成本。模型的主要约束包括任务对完全胜任值机活动员工的最低要求、保障员工两次休息时间和用餐时间,要求休息和餐食之间的时间间隔不得小于规定时间等。模型求解策略采用样本均值近似算法和逐步对冲算法,通过对比样本均值近似算法和逐步对冲算法,比较两种求解策略的有效性和适用场景。数值实验对人员资质、班次柔性和任务开始时间的不确定程度进行了敏感性分析。最后通过案例展示,将模型和算法输入结果具体应用于实际随机值机人员调度。

第五章以航线-机型指派问题为优化对象,以旅客需求为随机变量,以条件风险值为风险衡量指标,建立以最大化航空公司客票收益为目标函数的风险规避的航线-机型指派模型。模型的求解策略采用样本均值近似算法和启发式算法,数值实验基于某航空公司的网络结构,数值实验分析考虑风险后的客票收益结果,分别对样本均值近似算法参数、条件风险值的参数和需求波动的影响进行了分析。另外,数值实验比较样本均值近似算法和启发式算法的计算效率和效果,总结两种方法的优缺点。最后通过案例展示,将模型和算法输入结果具体应用于实际航线-机型指派。

第六章总结全部研究结果,指出本篇的研究不足并对未来的研究进行展望。

2. 本篇创新点

本篇的研究重点是考虑机场跑道调度、值机人员调度和航空公司航线-机型指派决策中的不确定性,优化机场和航空公司的经营决策。同现有研究相比,本篇的创新点可以概括为:

(1) 针对随机跑道调度问题的不确定参数分布信息完全已知的强假设,本篇将随机参数信息部分已知引入随机跑道调度模型,构建随机参数分布不确定的跑道调度模型。相比传统的随机跑道调度,本篇采用分布式鲁棒的方法不需要航班实际到达时间的概率分布函数。面对大规模问题的高求解复杂性,本篇设计了一个结合样本均值近似、遗传算法和聚类抽样的混合样本近似算法。相比商业求解器,该算法可以在合理的时间内高效率地解决大规模问题。

(2) 在航站楼值机人员的调度中引入不确定因素——任务开始时间的不确定,提出随机的两阶段值机人员调度问题模型,设计逐步对冲算法求解。相比确定的值机人员调度,本篇第四章考虑任务开始时间不确定的值机人员调度方法更具有柔性。

（3）在随机的跑道调度和航线-机型指派问题中引入风险的概念，建立随机航线-机型指派问题模型，相比风险中性的情况，考虑风险能够提高决策方案的稳健性。针对大规模的航线-机型指派问题，基于航班串的概念，设计一个结合深度优先搜索、整数规划模型和遗传算法的启发式求解策略。

二、文献综述

本章主要梳理研究问题和方法，重点关注跑道调度问题、值机人员调度问题和机型-航线指派问题中是否考虑了不确定因素、随机参数的分布是否确定以及是否考虑了风险衡量。根据文献的整理可以发现：① 现有文献主要集中于确定型跑道调度，随机跑道调度问题研究较少，没有针对随机输入参数概率分布不确定的随机跑道调度；② 航站楼地面人员优化主要集中于人员排班，班次内的人员-活动调度问题研究较少，随机的人员调度主要考虑人员需求的不确定性，没有考虑任务开始时间不确定；③ 不确定问题中考虑风险的研究很少，以最大化收益为目标的随机航线-机型指派问题没有考虑风险控制。本篇根据文献中的研究空白，从实际情况出发，研究了考虑随机参数概率分布不确定的跑道调度问题、考虑任务时间不确定的航站楼值机人员调度问题和风险衡量的航线-机型指派问题。另外，讨论求解不确定问题的常用方法及其优缺点，确定了本篇模型的求解策略。

（一）机场跑道调度问题

根据模型的输入参数确定与否，跑道调度分为确定的和不确定的两类。其中，确定的跑道调度假设外在环境的参数是事先已知的，不确定的跑道调度将环境因素如天气、流量管控和机场地面活动视为未知参数。确定的跑道调度在过去研究众多，不确定的跑道调度最近受到关注。

1. 确定的机场跑道调度问题

跑道调度问题类似带有准备时间的生产车间调度问题，优化目标一般为最小化完工时间或最小化延迟时间。在跑道调度的背景下，跑道类似机器，进出港航班等价于工件，航班前后的安全间隔要求类似工件准备时间。Beasley等（2000）将单一跑道调度推广到多跑道调度情景，他们所提出的模型是目前应用最为广泛的模型。考虑到燃油消耗和安全要求的约束限制，Pinol和Beasley（2006）进一步考虑了跑道调度问题的时间窗和安全间隔约束，跑道调度的基本模型得以成熟。针对 Beasley 等（2000）的进港航班同质性假设，Briskorn 和 Stolletz（2014）提出了一个显式考虑飞机重量级异质的修正模型，并设计了四个多项时间的启发式算法。Artiouchine 等（2008）研究了飞机降落之前在机场上空盘旋，单跑道下同类重量级的航班允许等待的进港调度问题。Clare 和 Richards 研究了整合机场地面活动的跑道调度问题，建立了一个同时考虑飞机滑行路径和跑道调度两方面因素的模型，以伦敦希思罗机场的 240 架航班为优化对象，计算结果显示相比先到先服务方式，整合模型下飞机的平均滑行时间减少了一半。针对繁忙机场跑道调度的快速响应要求，Harikiopoulo 和 Neogi（2011）以最小化总的降落时间为目标，提出了一个求解方法为多项式时间的条件和相应算法。针对单跑道下起飞和降落的混合调度，Ghoniem 等（2014）研究了静态的飞机排序问题，基于跑道调度问题具有非对称性的潜在结构推导了一类严格不等式，这类不等式使跑道调度模型更加紧凑进而增强问题的可解性。面对机场拥堵，Jacquillat 和 Odoni（2015）从根据航班延误的主要原因是需求和容量的不平衡，提出了一个联合优化航班调度和机场容量的整合方法。在跑道调度决策的稳健性方面，Niendorf 等（2016）推导了一种方法用于确定飞机的最佳着陆顺序在按原定顺序延迟了任意数量的时间后是否仍保持最佳状态。在跑道调度模型的求解算法方面，Ghoniem 等（2015）设计了一个分支定价算法，Faye（2015）设计了一个动态约束生成算法。国内王璐等（2019）研究了平行跑道的航班进港调度问题，建立了平行跑道调度的混合整数规划模型，设计了一个遗传算法求解。路晶等（2012）研究了多目标的两阶段跑道调度模型，第一阶段负责识别最优的飞机重量级序列，第二阶段负责将具体的航班指配到最优序列中得出飞机的推出时间，计算结果表明相对于"先到先服务"模型，所提模型能够减少延误并能增加跑道利用率。

2. 不确定的机场跑道调度问题

在调度领域的问题中，事件时间一般假设为确定的。在不确定环境下，存在活动发生的时间提前、延误或者活动取消等情况。对此，学者将事件时间的不确定性纳入模型的研究。由于机场环境复杂多变，航班的到达和离港时间被视为不确定因素。Jones 等（2017）研究了航路速度控制下航班到达时间不确定的跑道调度问题，建立了一个整数规划模型。针对多种异质混合模式跑道的到达和起飞延迟的不确定性，Ng 等（2017）以在最坏的情况下最大限度地减少与最佳解决方案的偏差为优化目标，研究了鲁棒性的跑道调度问题，采用了人工蜂群算法来求解该动态的跑道调度问题。

在随机规划跑道调度问题的研究中,不确定的跑道调度问题被视为一个两阶段的决策过程。假设航班到达时间分布信息完全已知,Hong等(2018)考虑航班到达时间不确定条件,提出了一个通过设计额外的缓冲时间来避免不确定性的鲁棒两阶段混合整数规划调度模型。在他们模型中,第一阶段首先生成一个确定性的鲁棒解,随后的第二阶段根据实际情况利用启发式算法对第一阶段的解进行调整。Solak等(2018)假设航班的到达/出发过程服从泊松分布,以最大化跑道的利用率和保障航班正点率为目标,为跑道的调度建立了两阶段的混合整数规划随机模型。其中第一阶段在随机的实际到达时间已知前生成一个最优的机型重量级序列,第二阶段在航班到达时间确定后给每架飞机指派最优的起降顺序。

有关跑道调度的文献中,确定性的跑道调度问题研究得很多,考虑不确定因素的跑道调度问题研究得较少。其中不确定环境下的跑道调度主要分为鲁棒性跑道调度和随机规划跑道调度。在随机规划跑道调度中,随机参数分布信息完全已知是一个强假设,未曾有考虑随机参数分布不确定的研究。本篇第一部分研究考虑航班随机到达时间分布不确定的分布式鲁棒性跑道调度问题。

(二)人员调度问题

在过去的几十年中,人员调度问题已得到广泛研究。对于航空公司而言,人工成本是直接成本的重要组成部分。利用有限的资源,通过设计有效的人员-任务调度计划提升人员工作效率是非常有益的。受人员需求不确定等因素的影响,人员调度可以划分为确定的人员调度和不确定的人员调度两类问题。

1. 确定的人员调度问题

确定的人员调度问题假设人员的需求、完成任务所需的时间以及任务的开始时间是已知的,在满足政策法规要求、保证员工休息和考虑员工技能水平差异的基础上,设计科学合理的人员调度计划。Alvarez-Valdes等(1999)研究了计划周期为一周的机场加油区工作人员排班问题,不同类型员工的排班约束不同。作者首先采用禁忌搜索算法找出覆盖人员需求的班次和休假安排,然后为班次/休假计划分配员工,最后确定员工工作日的起始和结束时间。Ağralı等(2017)研究了服务行业员工技能异质性的人员柔性调度问题,根据给定的服务需求和员工时间集合,为需要特定技能水平的服务安排满足条件的员工。模型在满足每周最大工作小时数和最少休息时间情况下,允许员工加班。Cheng 和 Kuo(2016)研究了监视国际机场进口食品的政府食品安全中心的工作人员安排问题。考虑员工的效率水平不同、员工对轮班的偏好不同以及工作公平性的平衡;作者提出了一种两阶段方法,其中第一阶段是在考虑到计划公平性和员工偏爱的情况下安排食品安全检查员的工作班次(包括休息日和轮班类型),第二阶段是使员工任务技能匹配最大化的同时创造团队组合的多样性。Maenhout 和 Vanhoucke(2013)针对长期护理人员分配问题,提出了一个整合护理人员配备和调度的方法。相比一般的迭代两阶段护士配备和调度方法,集成的方法在降低人员成本和提供高质量的护理服务上更加出色。另外,人员调度在连锁零售店中的运用较多,如 Kabak 等(2008)研究了两阶段的人员班次调度,在第一阶段,通过销售响应模型确定每小时的员工需求。然后,将销售响应模型的输出用作排班混合整数优化模型的输入,从而确定日常最佳员工分配。Chuang 等(2016)进一步修改了销售相应函数,放宽了 Kabak 等(2008)的假设,利用跨多个商店的面板数据来估计销售响应函数模型参数,然后根据模型输出的人员需求采用启发式的方法分配员工。

在国内的人力资源优化文献中,卢敏和王莉(2018)针对现有面向班型的人员排班算法假设班型数和班次内满足资质的员工数固定的情况,借助吉布斯抽样优化技术,提出了考虑班次数未知的机场地服人员动态生成排班算法。冯霞等(2019)考虑员工的不同层次资质及各类劳动法规约束情况,以均衡员工工作时间为优化目标,提出了面向层次资质的机场外航服务人员排班模型,并设计了基于禁忌搜索算法的模型求解策略。考虑到一天中航班有高峰和低谷时段,任新惠和尹晓丽(2019)提出机场值机人员均衡小组制排班制度下的人员利用效率差的概念。为了提高人力资源利用效率,他们利用排队论对员工需求进行预测,提出了组内动态排班模型。

2. 不确定的人员调度问题

只有当员工按计划进行工作并且实际需求符合预期需求时,人员计划才能被很好地执行。但是,客户需求、员工缺勤等情况的不确定性会导致人员不足或人员过多,从而损害人员调度的预期效果。人力资源的匹配和调度研究的不确定因素大部分针对客户需求波动造成的人员不确定性(Defraeye 和 Van Nieuwenhuyse,2016)。具体而言,Zhu 和 Sherali(2009)研究了需求波动和不确定时的多类别劳动力计划问题。为了规避不确定性,他们的两阶段模型在第一阶段制定人员的招募和分配决策,在第二阶段根据实际的需求对所有的服务中心的劳动力再分配。Parisio 和 Jons(2015)研究了随机需求条件下的零售店员工每周调度问题,建立了两阶段的随机优化模型。模型第一阶段在需求已知前制定人员的调度表;第二阶段在需求明确后采取加班或者招募兼职人员的补救措施。以瑞士的零售网点为例,仿真结果表明随机优化模型相比确定模型效果平均提升了6%。针对短期需求扰动下存在员工需求人数激增和锐减的情况,Bürgy 等(2019)研究了允许加班的随机零售店人员调度问题。为了找到一个有效的初始调度计划,以最大限度地减少随机需求,以及最大化满足和员工偏好为考量,提出了两种考虑随机需求和延长班次的整数规划模型。Kim 和 Mehrotra(2015)提出了随机需求条件下整合护士配备和调度的两阶段规划模型,该模型的第一阶段决策找出初始的人员配备和调度表,随着时间临近实际需求逐渐明确,第二阶段对初始的调度计划进行调整。Restrepo 等(2017)研究了随机需求环境下整合多活动的排班调度和假期调度问题,假设人员技能同质,建立了该整合问题的两阶段随机规划模型;模型的第一阶段安排员工每周的工作班次,第二阶段安排每日班次的任务和休息时间;模型求解采用多切的 L-shaped 方法。在机场地面活动的人员调度中,Kiermaier 等(2015)提出了一个包括班次、休息日调度和中间休息时间分配的混合整数模型,该模型表明柔性的中间休息时间分配决策有助于提高机场地勤人员的调度计划。Hur 等(2019)研究在随机需求下具有灵活休息时间的每日轮班调度问题,前提是允许在营业日进行休息时间调整。基于给定的劳动力和对不确定的需求,提出多阶段随机模型,为管理人员提供一种快速构建足够稳健轮班计划的方法,以机场地面地勤人员的调度为例考察了模型的有效性。

在人员调度的相关研究中,确定型的人员调度问题研究广泛,典型的如医院护士调度、零售网点服务人员调度等,有关机场地面服务人员的研究较少;国内有关机场工作人员的排班模型算法研究较多,人员班次内的任务调度研究较少;考虑随机因素的人员调度文献较少。在不确定的人员调度随机优化中,不确定因素为需求的研究较多,关于活动时间不确定的研究较少。由于航班存在延误的不确定性,本篇第四章重点研究航班离岗时间不确定的航站楼值机人员调度问题。

(三)航线-机型指派问题

航线-机型的指派是航空公司的重要决策内容,过去的航线-机型指派问题往往假设旅客的需求是提前已知的。实际上,旅客的需求数量在航线-机型分配计划制定之前都是不确定的。根据是否考虑需求的不确定性,航线-机型指派问题可划分为确定的和不确定的两类。

1. 确定的航线-机型指派问题

由于航班离港时间的调整可以带来更多的航班接驳机会,Rexing 等(2000)研究了一种用于同时安排航线-机型指派和航班起飞时间的通用模型,通过为每个航班分配一个时间窗口,然后离散化每个窗口,从而优化航班起飞时间。计算结果表明所提的模型可以节省机型分配成本,并减少飞机的使用数量。Barnhart 等(2002)针对基本的航线-机型指派模型仅仅考虑点对点的指派而忽略航线网络效应的情况,提出了一个基于联程航班的航线-机型指派模型。根据实际数据计算的结果表明,考虑航线网络效应能够增加航空公司的收益。在航线-机型指派的数学模型改进方面,Jacobs 等(2008)对航线-机型指派与收益管理进行了交叉研究,从而能够更准确地捕捉乘客需求和计算收益。在模型目标函数的准确性方面,Dumas 等(2009)考虑到基于点对点航段的指派模型忽略了联程航线中航段的依存关系,引入了客流模型来修改目标函数,使得联程航线之间的客流溢出和夺回能够被模拟。针对航线-机型指派模型中收益函数假设过于简单而无法反映出收益管理的复杂性,Barnhart 等(2009)采用更加现实的收益函数作为航线-机型指派模型的目标函数,并提出了这类大规模问题的求解算法,该方法不仅更加准确地优化航线-机型指派问题,而且融合性好。Bélanger (2006)考虑在共享相同航班号的航段上寻求解决飞机类型同质的情况下每周航线-机型分配问题,构建了一周航线-机型指派的混合整数线性模型,并设计了一种能在短时间内求解大规模问题的启发式的求解算法。

国内孙宏等(2010)预测的航线运输数据,以最大化收益为目标,研究了航线上航班频率与执飞机型指派的优化问题,最后根据机型的使用频率确定相应的机队构成方案。谷润平等(2016)不局限于单一优化目标,研究了时间成本、燃油成本和溢出成本的多目标航线-机型优化问题,采用基于隶属度的多目标模糊决策法,将多目标转化成单目标模型进行求解计算,计算结果表明所提模型能够在降低机队的飞行成本的同时提高机型的客座率。

2. 不确定的航线-机型指派问题

不确定的航线-机型指派问题主要集中于需求的不确定性。Sherali 和 Zhu (2008)将城市出行旅客的需求作为不确定因素纳入随机模型中,构建了两阶段混合整数规划的航线-机型指派模型。第一阶段首先考虑航线-机型家族的指派决策,等实际需求逐渐明确后,第二阶段决策基于第一段的指派计划确定具体的子机型-航线指派方案。由于航空运营过程中存在诸多不确定因素和意外事件扰动,Rosenberger 等(2002)针对航空公司的日常运营提出了一个随机模型,该模型主要用于随机条件下评估机组排班和恢复计划。需求的波动是不确定的主要来源之一。

国内汪瑜等(2014)针对航线网络效应及旅客需求的不确定性,将旅客组合优化模型加入机队规划问题,建立了旅客需求不确定情景下的机队鲁棒优化模型,采用场景汇集算法求解。计算结果表明相比传统的机队规划模型,随机版本的模型能够降低机队的规划成本。张春晓等(2015)研究了旅客需求量的概率分布函数给定时带有机会约束的两阶段航线-机型指派问题,第一阶段为机型家族指派,第二阶段为具体的机型指派。采用改进的分支定界算法求解了一个小规模的算例证明了模型的可行性和算法的有效性。张兴香和朱星辉(2015)研究了市场需求不确定条件下的两阶段航线-机型指派问题,采用 Benders 分解算法求解。面对不确定环境下航班座位数与需求的不平衡,张开华(2018)研究了需求驱动下的机型指派问题,首先建立基于 BP 神经网络的离港人数预测模型对需求进行实时预测,然后依据预测得到的需求和机型预分配结果采用枚举法构造联程航线。

在航线-机型指派的研究中,确定性的航线-机型指派问题更多地集中于刻画模型的准确度,比如考虑航线的网络效应和收益函数等。不确定性的版本研究较少,且主要考虑始发地和终点的旅客需求波动因素,建立随机的两阶段航线-机型指派模型。在随机版本中,优化目标是基于期望的,没有考虑极端需求场景出现的风险。本篇第三部分将研究考虑风险衡量的随机航线-机型指派问题。

(四)分布式鲁棒随机规划的研究

不确定的随机规划方法假设参数的不确定性可以通过某种已知的概率分布刻画,这条假设潜在地承认了:① 不确定环境下极端需求的历史数据丰富;② 存在能拟合这些历史数据的概率分布函数。在实际运用中,不确定参数的"真"分布难以确定,只能根据可获得的数据估算。由于随机参数真实概率分布不确定,或者说是随机参数的分布模棱两可(Ambiguity),其分布形式属于某个可能的概率分布集合。

由于随机参数难以通过确定的概率分布来表示,Cheng 等(2014)在随机参数部分信息已知的条件下研究了分布式鲁棒的二次背包问题,所需的部分信息包括参数的一阶和二阶矩、联合支撑集(Joint Support Set)以及独立性假设。针对模型中的 0-1 约束,Cheng 等提出了两种计算半定规划松弛的上下界的处理方法。同样,针对随机需求的分布不确定,Zhang 等(2016)研究了分布式鲁棒的两阶段批量问题,建立了依赖于均值-协方差(Mean-Covariance)信息的分布式鲁棒模型。

在生产调度问题中,确定型问题假设工件加工时间(Job Processing Time,JPT)为常值;随机规划的版本认为 JPT 是一个变量,且能以确定的概率分布来描述。而 Chang 等(2017)通过 JPT 的均值-协方差信息为单机调度问题提出了一个风险规避的分布式鲁棒性优化模型,弱化了随机变量概率分布确定的假设,该模型的目标是找出最小化最坏条件风险值时的最优工件加工顺序。另外,Niu 等(2019)也基于均值-协方差信息研究了最小化总延迟时间的分布式鲁棒性单机调度问题。Branda(2018)考虑了固定区间并行调度下工件的完工时间不确定的分布式鲁棒性优化问题,建立了由给定相关性的联合延迟分布信息构成的模糊集。在大数据的背景下,Shang 和 You(2018)研究了需求不十分确定时的分布式鲁棒性的计划和调度模型框架,同时提出了一种基于主成分分析和一阶微分函数的数据驱动的模糊集构建方法,用于从可得的不确定数据中抽取准确和有价值的信息。

Wang 等(2019)针对医疗活动中手术时间的不确定性,根据手术时间的均值、平均绝对偏差和支撑集构建了概率分布的模糊集,提出了以最小化加权手术室开放成本和手术超时成本为目标的分布式鲁棒手术块分配(Surgery Block Allocation,SBA)问题。在能源调度领域,考虑随机参数信息不完全的分布式鲁棒优化方法也得到了广泛应用,如配电网调度问题(Bian 等,2014),能源和储备调度协同优化(Wei 等,2016)和发电机组组合优化(Duan 等,2017)。

随机参数信息分布部分确定的分布式鲁棒优化方法的应用十分广泛,是学术界普遍认同的兼具随机规划和鲁棒优化特点的方法,由于随机的航班到达时间的分布具有不确定性,本篇将使用分布式鲁棒优化方法研究不确定环境下的跑道调度问题。

(五)不确定问题风险衡量的研究

随机规划的目标函数是基于期望的,根据目标函数获得的决策是风险中性的,风险中性的解无法保证极端场景下的预期效果。具体来说,风险中性模型得到的方案在某些随机情况下表现不佳,或者不足以防止决策者风险承受范围之外的不良结果发生(比如远超预期的经营成本或者需求未满足)。顶层设计人员在为很少出现的灾害事件做设计决策,比如人防工程和赈灾资源的分布选址计划等不允许试错的决策时,不能忽略问题参数中随机变量对系统性能的不良影响。所以说,考虑决策者的风险态度或偏好对不确定环境下的决策至关重要(Noyan,2018)。考虑决策主体的风险偏好需要对内在的随机性变化进行风险建模,提出可以规避不利结果的风险规避(Risk-Averse)的优化模型。为了将决策主体的风险偏好纳入决策问题中,需要在随机优化模型中加入度量工具。常用的风险度量工具包括方差、风险值(Value-at-Risk,VaR)和条件风险值(Conditional Value-at-Risk,CVaR)等。对于连续分布,CVaR定义为超过VaR的预期损失。作为一种新兴的风险衡量标准,CVaR在诸多领域得到应用,如投资组合与收益管理(陈剑利和李胜宏,2004;Rockafellar和Uryasev,2000;Krokhmal等,2002;于辉和陈敬光,2012)、动态定价和库存问题(Gotoh和Takano,2007;Chen等,2009)、灾害管理(Noyan,2012;Alem等,2016;Elçi和Noyan,2018;Fernández等,2019)、系统可靠性与维护(Lu等,2018;Bei等,2019)、生产计划与资源分配(Alem和Morabito,2013;Zhang等,2016)。

  Rockafellar和Uryasev(2000)研究了以最大化预期收益为目标的具有CVaR约束的投资组合优化问题,证实了在风险度量的一致性方面CVaR强于VaR。基于Rockafellar和Uryasev的研究,Krokhmal等(2002)通过引入CVaR约束计算VaR并优化CVaR,扩展了风险收益优化问题。CVaR能够量化超过VaR的风险且具有连贯性,能够通过线性编程技术进行大规模的计算,Rockafellar和Uryasev(2002)运用多个数值案例的结果表明CVaR作为风险度量工具的计算效率和稳定性。借鉴金融工程中常用的风险度量工具CVaR,Chen等(2009)研究了在价格依赖的随机需求环境下风险规避的定价和订货量问题,探讨此种情况下最佳定价和订货量策略。于辉和陈敬光(2012)研究了风险规避环境下的机票超售问题,利用CVaR作为风险衡量工具,以最小化风险为目标得到最优超售水平。

  在灾害管理领域,区别于传统风险中性的两阶段随机规划方法,Noyan(2012)通过引入CVaR作为风险度量工具研究了风险规避的两阶段随机规划模型,模型的不确定性源于随机需求和赈灾系统破坏的程度。决策内容包括第一阶段的设施选址和第二阶段的设施内部救灾物资库存水平。Noyan采用了一般的Benders分解(Benders Decomposition)作为模型的求解算法。针对灾前救灾网络设计问题，Elçi 和 Noyan(2018)研究了灾后需求不确定条件下的设施选址和规模、物资库存水平优化决策问题，建立了机会约束(Chance-constrained)的风险规避的两阶段混合整数规划模型，采用了基于 Benders 分解的 branch-and-cut 算法。考虑到救灾行动的动态多期限性质，有限的预算，机队规模以及各种不确定的数据，Alem 等(2016)研究了应急后勤计划中的人道主义物质的供应问题，提出了采用 CVaR 作为风险度量工具的风险规避网络流模型，设计了两类启发式求解算法。针对典型的小型巴西家具厂生产计划中存在的不确定性因素，如未知需求和随机的准备时间(Setup times)，Alem 和 Morabito(2013)提出了一个两阶段的混合整数规划模型，用于获取对各种可能情况表现稳健的安排方案。Alem 和 Morabito 分析了四种有助于降低决策方案风险的建模方法，如最小最大后悔值、CVaR、基于上偏均值的均值风险模型和风险偏好约束法，实验结果表明基于 CVaR 的风险规避策略最有效。在预防高风险的水资源短缺研究中，Zhang 等(2016)将 CVaR 作为资源分配的风险度量工具纳入目标函数中，建立了多阶段的风险规避随机线性规划模型。数值实验结果表明高的风险规避水平会生成更加保守的决策，例如通过在补给水站中存储更多的水，减少在水短缺时使用成本高的外部水源。风险规避的方案有助于降低水短缺的风险和最坏场景下的经济成本。

CVaR 作为一种成熟的风险度量工具在各个领域得到广泛应用，但风险在不确定环境下的随机航线-机型指派问题的现有文献中没有得到重视。通过与基于期望的随机规划模型对比，本篇第五章将风险纳入航线-机型指派问题中，研究风险规避环境下的随机航线-机型指派问题。

(六) 随机问题的求解算法

在有限的随机场景下，两阶段随机模型可以写成确定型的等价混合整数规划模型。第二阶段考虑的随机场景越多，等价的混合整数规划模型问题规模越大，求解难度就越大。目前两阶段混合整数随机规划问题的求解策略分为精确算法和启发式算法两大类，下面具体讨论两类算法的特点和构成。

精确算法是一类依赖模型结构的求解算法，这类算法根据模型的结构特征设计相应的分解和切割方法。求解随机规划问题的精确算法有：Benders 分解算法(Noyan, 2012; Elçi 和 Noyan, 2018)、列生成算法(Column algorithm)(Tas 等, 2014)和 L-Shape 算法(Kim 和 Mehrotra, 2015)等。这些算法的效果受模型的结构影响很大，如 L-Shape 算法针对块状结构的模型效果出色。当实际问题的数学模型不具备良好的结构特点时,精确算法的效果难以保证。

样本均值近似(SAA)算法和逐步对冲算法(PHA)是两类运用最为广泛的求解随机规划的启发式算法。其中 SAA 算法是一种基于蒙特卡洛模拟的近似求解两阶段混合整数规划的启发式求解算法。其基本思想是生成一个随机样本,并通过相应的样本平均值函数来近似期望值函数,获得期望值函数的置信区间。对于连续的两阶段线性优化问题,只要样本量够大,样本均值近似算法可以收敛到最优解。在 Kleywegt 等(2002)对第二阶段为整数规划的两阶段随机规划模型的研究中表明,随着样本数量的增加,SAA 算法得到的解收敛于原问题最优解的概率以指数级增长。当样本数量固定时,可以通过重复抽样计算统计意义上的上下界,借此评估 SAA 候选解的质量。SAA 算法操作简单,不依赖于问题的模型结构,其典型应用涵盖具有 CVaR 约束的投资问题(Branda,2012)、随机背包问题(Kleywegt 等,2002),考虑不确定因素的随机供应链设计问题(Santoso 等,2005)。

逐步对冲算法是一种求解多阶段随机规划的有效算法,尤其是在每个阶段都含有离散决策变量的情况。PHA 通过根据场景分解等价的确定型问题,迭代求解子问题的惩罚版本,逐步得到可行解,从而减轻了大型问题的计算难度(Gade 等,2016)。因为求解单个场景的子问题可以采用求解器或其他启发式方法,PHA 在实际运用中容易实现。对于混合整数规划问题,虽然 PHA 不能保证收敛到全局最优解,但是经过多次迭代后可以找到一个高质量的解。PHA 的具体应用包括资源分配随机优化(Watson 和 Woodruff,2011)、物流运输随机规划(Crainic 等,2016)和分解算法的整合(Guo 等,2015)。

一方面,由于跑道调度、值机人员调度的数学模型不具有良好的结构特征,精确算法的优点难以发挥;另一方面,当单个场景的问题的求解复杂度高时,可以采用元启发式算法(如遗传算法、禁忌搜索等)作为代替求解器,提高算法的求解能力。基于这两个原因,本篇采用启发式求解算法作为主要的求解策略。

(七)小结

本篇主要研究航空运营活动中的三个资源优化问题,从这三个问题出发,本章作为综述部分整理了相关的文献。第一节主要介绍了跑道调度问题的相关研究工作,其中又包括了确定性跑道调度问题和不确定性跑道调度问题。总结现有的文献可以发现,确定性的跑道调度问题研究趋于成熟,不确定性跑道调度问题研究较少。未有考虑分布不确定的随机跑道调度研究。第二节罗列了机场方面和其他领域有关人员调度的文献,根据现有文献可以发现大部分人员调度集中于人员排班,有关机场地面人员-任务的调度问题研究较少;随机人员调度优化主要考虑随机需求,鲜有文献考虑人员-调度中任务开始时间的不确定性。第三节主要介绍了航线-机型指派问题,包括确定性问题和不确定性问题。从以前的研究中可以发现,确定性航线-指派问题更多地集中于模型自身的精确刻画和完善,不确定性航线-机型指派问题大多基于风险中性的随机规划模型,没有考虑风险衡量。

第四节整理了分布式鲁棒优化方法在各个领域的应用情况,总结了一些常用的参数信息分布情况。第五节归纳了不确定环境优化问题中的风险衡量研究现状,梳理了 CVaR 作为一种经典的风险度量工具在理论和实际应用的研究成果。第六节总结了不确定问题的求解算法,确定了本章采用的求解策略。根据上述的文献归纳结果确定了本章的三个核心研究内容:① 随机参数分布信息部分已知的分布式鲁棒两阶段跑道调度问题。② 考虑值机任务开始时间不确定的两阶段航站楼值机人员调度问题。③ 以 CVaR 作为风险度量工具的风险规避的两阶段随机航线-机型指派问题。

三、分布式鲁棒的跑道调度优化

针对一组到达时间不确定的航班,本章考虑两阶段的跑道调度问题。相比于现有文献假设不确定的航班到达时间通过一个确定的概率分布描述,本章弱化了这一假设,研究随机变量参数具体分布不确定的分布式鲁棒两阶段随机规划。根据不确定参数的均值、平均绝对偏差(Mean Absolute Deviation,MAD)以及变量的支持集(Support Set)信息构建随机变量的模糊集(Ambiguity Set),构造一个近似最坏情况的离散概率分布。针对大规模问题,在求解算法上设计一个结合嵌套遗传算法和样本均值近似算法的混合启发式算法。数值实验结果表明,对大规模问题混合启发式算法的求解效率高,模型的调度效果优于先到先服务方式。

(一)问题描述

跑道调度问题(Runway Scheduling Problem,RSP)定义如下:在给定的一

组航班活动中,无论是进港、出港还是两者的混合,机场航空管制人员需要确定每架航班的起降时间和分配起降跑道。调度过程需要满足一系列约束条件,如由于发动机尾气涡流引起的安全间隔要求、航班的时间窗要求等。根据 Balakrishnan 和 Chandran(2010)的研究,与飞机重量等级(即飞机类别)相关的最小间隔时间矩阵如表 1-1 所示。

表 1-1 安全间隔要求(秒)

前向飞机	尾 后 飞 机		
	小型	中型	重型
小型	82	69	60
中型	131	69	60
重型	196	157	96

为了处理具有不确定特征的 RSP,两阶段的随机规划是常用的方法。在本章中,第一阶段的决策内容为航班机型重量级的排序,在满足飞机安全间隔的基础上,最大化跑道的利用率(或者说最小化跑道的占用时间)。图 1-3 给出两种不同的飞机重量级排序的跑道占用时间,可以看出合适的重量级排序方案有利于减少跑道的占用时间。当待降航班的飞机重量级排序决策做出后,第二阶段决策负责为隶属于每类重量级的航班确定降落位置。图 1-4 为"序列 1"决策下的第二阶段具体子机型调度结果,如图所示,在此决策下,"航班调度 1"与"航班

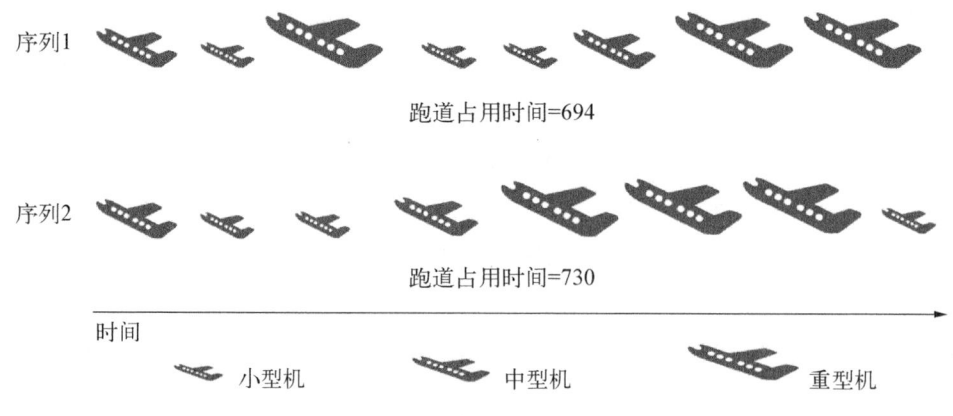

图 1-3 不同飞机重量级排序下的跑道占用时间

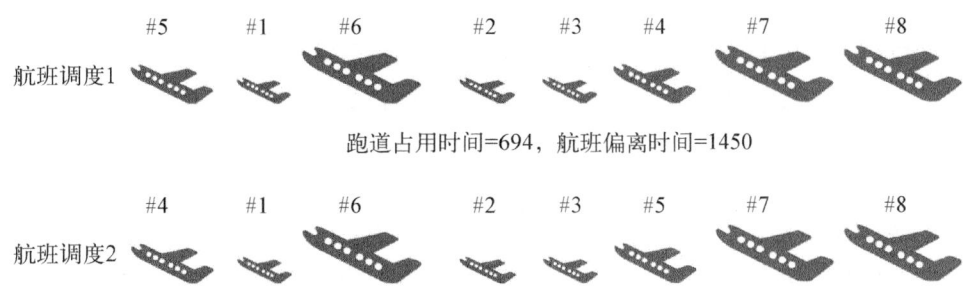

图 1-4 相同飞机重量级排序的不同航班调度结果

调度 2"中型级别的航班(♯5 和♯4)降落顺序不同,导致航班的偏离(延误和提前到达)时间不同。因此,随机的两阶段跑道调度的目标是在考虑航班到达时间不确定的条件下,预先制定一个兼顾跑道利用率和航班偏离时间的飞机重量级序列决策。

跑道调度的两阶段随机规划与确定型方法的比较如图 1-5 所示,在随机规划方法中,不确定性用给定的概率分布函数表示,如航班到达间隔时间服从指数分布。然而,现实中由于航班在某地降落为一天一次,历史数据量非常有限,很

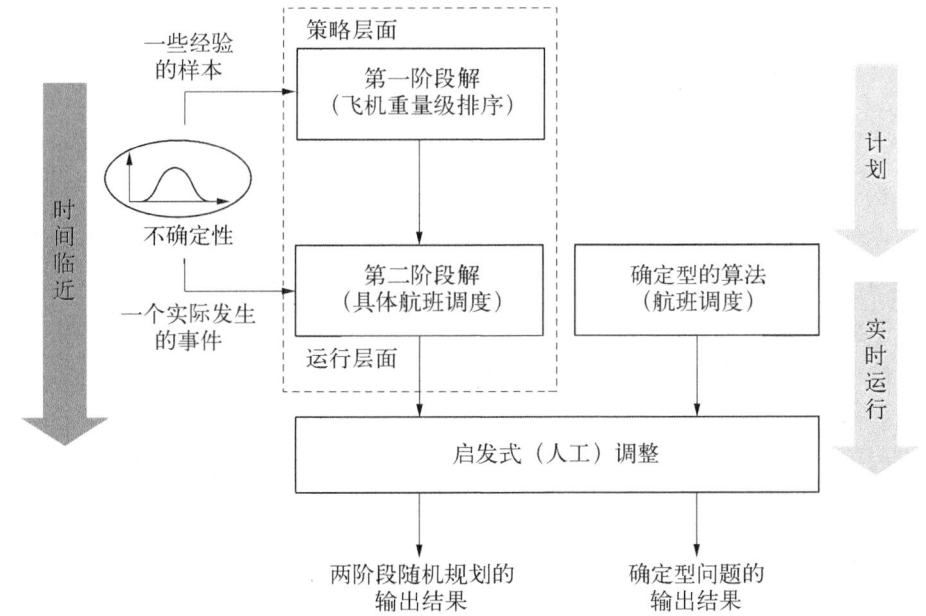

图 1-5 两阶段随机规划在跑道调度的应用

难通过某些技术手段确定航班到达时间的分布情况。所以，通过随机规划的方法生成的方案，对机场跑道调度效果可能不佳甚至不可行。基于这些原因，本章建立一个随机变量概率分布不确定的分布式鲁棒优化（Distributionally Robust Optimization）模型，应用于随机参数部分已知的场景。针对具有不确定性的调度问题，随机规划和鲁棒优化是两种常用的建模方法，这两种方法有各自的缺点。随机规划模型将不确定参数通过分布已知的随机变量表示，但是现实中随机参数的具体分布很难确定。鲁棒优化模型限定不确定参数落于给定的不确定集合中，虽然无需参数的分布假设，但是其缺点是无法利用历史数据中的分布信息。分布式鲁棒方法结合了随机规划和鲁棒优化的特点，该方法将不确定参数视为随机变量，但是其分布不确定，具体的分布落于分布集中。分布式鲁棒凭借不依赖特定的概率分布函数来表示参数的随机性，这种方法优化随机参数在所有可能概率分布上的最坏情况，以期找到一种对所有可能的分布都稳健的决策方案，在决策论中这种方法类似最小最大后悔值（Minmax Regret）。

本章主要讨论单跑道的航班降落（进港）调度。分布式鲁棒 RSP 的第一个目标是最小化跑道占用时间，第二个目标是最小化第二阶段所有航班的总偏离时间。用已知随机参数的均值，平均绝对偏差（MAD）和随机参数的支持集的信息代替随机规划方法中的概率分布函数信息，根据这些统计信息建立随机参数可能的分布模糊集和分布式鲁棒的跑道调度模型（Distributionally Robust Runway Scheduling Problem，DRRSP）。

（二）数学模型

本节首先根据不确定到达时间的部分分布信息来确定 DRRSP 的随机参数模糊集，并建立 DRRSP 的两阶段数学公式。然后，根据给定的信息构建 DRRSP 的近似最坏情况离散概率分布。在给出本章问题的数学模型之前，为提高模型的合理性，需要做出以下假设。

假设 3.1：在计划时间期内所有航班的预计到达时间是独立的，即随机到达时间的协方差矩阵是单位对角矩阵。

假设 3.2：跑道等级能够满足所有重量机型的航班降落，如跑道等级为 4F，拥有这类跑道的一般为大型国际机场，如浦东国际机场和首都国际机场等。

假设 3.3：飞机上出现急症患者或者燃油不足的情况为小概率事件，所以本章假设所有航班中不存在紧急迫降航班。

假设 3.4：在调度指令发出后，航班能立即完成降落。

1. 分布式鲁棒两阶段随机数学模型

利用随机参数的部分统计信息代替确定的概率分布(例如,将到达间隔时间假定为指数分布),释放了随机规划方法对参数分布已知的假设依赖。在分布式鲁棒模型中,参数的可能分布模式属于一个含所有可能分布 $\mathbb{P}$ 的模糊集 $\mathbb{F}$。随机参数的描述性统计信息包括平均值 μ,随机参数的平均绝对偏差 d 和支持集 $[a,b]$。这些描述性统计数据可以很容易地从机场塔台控制部门收集。

设 $e_i, i=1,2,\cdots,|I|$ 表示飞机 i 的到达时间,其中 I 是所有航班的集合。航班到达时间 e_i 分布模糊集的部分分布信息如下:

① 均值: $u_i = \mathbb{E}_{\mathbb{P}}[e_i]$, μ_i 表示航班 $i \in I$ 随机到达时间均值。
② 平均绝对偏差(MAD): $d_i = \mathbb{E}_{\mathbb{P}}[|e_i - \mu_i|]$, d_i 表示航班 $i \in I$ 的 MAD。
③ 支持集: $[a_i, b_i]$, a_i 和 b_i 分别表示 e_i 的下界值和上界值,其中 $i \in I$。
④ e_i 和 e_j 的协方差: $cov_{i,j} = \mathbb{E}_{\mathbb{P}}[(e_i - \mu_i)(e_j - \mu_j)]$, 其中 $i,j \in I$。

在随机的 RSP 问题中,如 Balakrishan 和 Chandran(2010)、Solak 等(2018)等,模型假设航班的到达过程为泊松到达情形,前后航班的到达间隔时间服从指数分布。泊松到达过程意味着航班到达事件在不相交的时间间隔内独立发生。由于本章的工作与 Solak 等(2018)的工作背景相似,因此本章的 DRRSP 中假设航班到达时间相互独立。

根据上述的四项分布信息以及航班到达时间独立假设 **3.1**,本章中的 DRRSP 的模糊集定义如下:

$$\mathbb{F} = \left\{ \mathbb{P} \left| \begin{array}{ll} \mathbb{E}_{\mathbb{P}}[e_i] = \mu_i, & \forall i \in I \\ \mathbb{E}_{\mathbb{P}}[e_i - \mu_i] = d_i, & \forall i \in I \\ \text{Prob}_{\mathbb{P}}(e_i \in [a_i, b_i]) = 1, & \forall i \in I \\ e_i \perp e_j, & \forall i \neq j \end{array} \right. \right\} \quad (3.1)$$

其中 $e_i \perp e_j$ 表示 e_i 和 e_j 是相互独立的。

如 Solak 等(2018)所述,尽管跑道占用时间和总偏离时间的度量单位相同,但是这些值对机场运营的影响有所不同。机场管理方希望尽量减少跑道占用时间(即提高跑道的单位时间利用率),航空公司希望自己的航班能够准时到达。因此,为了统一量纲,最好使用经济成本代替时间来评估跑道占用成本和航班偏离成本。

输入参数:

K:待降航班机型重量级别的集合,k,l 表示集合中的元素。

I：在计划期内待降航班的集合，i 表示集合中的元素。

P：航班降落序列的前后位置集合，p 表示集合中的元素，$p \in \{1,2,\cdots,|P|\}$ 并且有 $|P|=|I|$。

I_k：待降航班中属于机型重量级别 $k, k \in K$ 的航班集合。

n_k：属于机型重量级别 $k, k \in K$ 的航班数量。

$d_{k,l}$：不同重量级飞机前后安全间隔要求，其中 $k, l \in K$。

e_i：航班 $i, i \in I$ 的预计到达时间。

τ_i：航班 $i, i \in I$ 的预计最早到达时间 $\tau_i \leqslant e_i$。

M：一个足够大的正整数。

λ：跑道占用时间成本的斜率。

λ_i^+：航班 $i, i \in I$ 延误成本函数的斜率。

λ_i^-：航班 $i, i \in I$ 提前到达成本函数的斜率。

η：跑道占用时间成本的截距。

η_i^+：航班 $i, i \in I$ 延误成本函数的截距。

η_i^-：航班 $i, i \in I$ 提前到达成本函数的截距。

决策变量：

$x_{p,k}$（第一阶段变量）：如果在位置 p 安排重量级别为 k 的飞机降落，$=1$；否则，$=0$。

C_p（第一阶段变量）：飞机重量级顺序中位置 p 的累计安全间隔时长，$p \in P$。

g（第一阶段变量）：跑道占用的时间成本。

$y_{p,i}$（第二阶段变量）：如果航班 i 安排到位置 p，$=1$；否则，$=0$。

t_p（第二阶段变量）：位置 p 的时刻，$p \in P$。

t_i（第二阶段变量）：航班 i 的降落（起落架触地）时间，$i \in I$。

θ_i^+（第二阶段变量）：航班 i 的延误时长，$i \in I$。

θ_i^-（第二阶段变量）：航班 i 的提前到达的时长，$i \in I$。

h_i^+（第二阶段变量）：航班 i 的延误成本，$i \in I$。

h_i^-（第二阶段变量）：航班 i 的提前到达成本，$i \in I$。

本章中的粗体符号表示向量，如"$\mathbf{x}$"表示所有决策变量 $x_{p,k}$ 构成的向量。根据上述定义的模糊集和符号含义，DRRSP 的数学模型如下所示：

$$(\text{DRRSP}) \min g + \sup_{\mathbb{P} \in \mathbb{F}} \mathbb{E}_{\mathbb{P}}[Q(\mathbf{x}, \mathbf{e})] \quad (3.2)$$

s.t.

$$\sum_{k \in K} x_{p,k} = 1, \quad \forall p \in P \tag{3.3}$$

$$\sum_{p \in P} x_{p,k} = n_k, \quad \forall k \in K \tag{3.4}$$

$$d_{k,l}(x_{p,k} + x_{p+1,l} - 1) \leqslant C_{p+1} - C_p, \forall p \in P \setminus \{|P|\}, \quad \forall k,l \in K \tag{3.5}$$

$$\lambda C_{|P|} + \eta \leqslant g \tag{3.6}$$

$$x_{p,k} \in \{0,1\}, 0 \leqslant C_p, \forall p \in P, k \in K \tag{3.7}$$

其中 F 表示概率分布的模糊集，$Q(\mathbf{x},\mathbf{e})$ 计算第二阶段的航班偏离成本，它是第一阶段机型重量级别指派列变量 $\mathbf{x}$ 和随机到达时间参数列向量 $\mathbf{e}$ 的目标函数，一旦航班实际的航班到达时间列向量 $\mathbf{e}$ 已知，第二阶段的优化问题如下所示：

$$Q(\mathbf{x},\mathbf{e}) = \min \sum_{i \in I} (h_i^+ + h_i^-) \tag{3.8}$$

s.t.

$$\sum_{i \in I_k} y_{p,i} = x_{p,k}, \quad \forall p \in P, k \in K \tag{3.9}$$

$$\sum_{p \in P} y_{p,i} = 1, \quad \forall i \in I \tag{3.10}$$

$$\tau_i y_{p,i} \leqslant t_p, \quad \forall p \in P, i \in I \tag{3.11}$$

$$C_{p+1} - C_p \leqslant t_{p+1} - t_p, \quad \forall p \in P \setminus \{|P|\} \tag{3.12}$$

$$t_p - M(1 - y_{p,i}) \leqslant t_i, \quad \forall p \in P, i \in I \tag{3.13}$$

$$t_i \leqslant t_p + M(1 - y_{p,i}), \quad \forall p \in P, i \in I \tag{3.14}$$

$$\theta_i^+ - \theta_i^- = t_i - e_i, \quad \forall i \in I \tag{3.15}$$

$$\lambda_i^+ \theta_i^+ + \eta_i^+ \leqslant h_i^+, \quad \forall i \in I \tag{3.16}$$

$$\lambda_i^- \theta_i^- + \eta_i^- \leqslant h_i^-, \quad \forall i \in I \tag{3.17}$$

$$y_{p,i} \in \{0,1\}, 0 \leqslant t_p, t_i, \theta_i^+, \theta_i^-, \quad \forall p \in P, i \in I \tag{3.18}$$

在上述模型中，函数(3.2)以最小化跑道占用成本和最坏情况下的航班偏离成本之和为目标。约束(3.3)强制每个位置仅分配一个飞机重量等级。约束(3.4)确保第一阶段机型重量级的序列中每类机型重量类别 k 出现的次数等于属于机型重量类别 k 的待降航班数量。前后航班的间隔时间要求由约束(3.5)满足。例如，如果将重量级别为 k 的飞机分配给位置 $p(x_{p,k}=1)$，$p+1$ 的位置安排重量级为 l 的飞机（$x_{p+1,l}=1$），则位置 p 和 $p+1$ 之间的安全间隔距离应不小于 $d_{k,l}$。约束(3.6)以转化为经济成本的方式评估跑道占用时间。根据可行的第一阶段决策变量 $x_{p,k}$，第二阶段分配决策通过约束(3.9)承接到第一阶段。约束(3.10)确保在第二阶段决策中将每个航班准确分配给序列中的一个位置。约束(3.11)保证每个航班不能在最早时间 τ_i 之前降落。连续降落的间隔要求由约束(3.12)保证。约束(3.13)和(3.14)确定航班 i 的确切着陆时间。约束(3.15)—(3.17)计算每个航班 i 的偏离时间的第二阶段成本。变量定义域通过约束(3.7)和(3.18)确定。

2. 最坏情况离散分布近似

在 DRRSP 中，航班到达时间的未知分布类型 $\mathbb{P}$ 是问题求解的最大挑战。最近，基于随机参数的边际分布，Postek 等（2019）为两阶段分布式鲁棒混合随机整数规划问题提出了一个离散近似分布。本篇采纳了此方法论，基于本章中定义的模糊集(3.1)，构建 DRRSP 的最坏情况的近似离散分布。

1) 模糊的两阶段连续规划问题

首先，将 DRRSP 中第二阶段问题中的整数变量松弛后，得到第二阶段决策变量连续模型。根据 Postek 等（2019）的结果，对于如公式(3.1)所定义的模糊集 $\mathbb{F}$，对于每一个第一阶段决策而言航班到达时间的最坏分布 $\mathbb{P}_{\bar{e}}$ 是相同的，因此松弛后的两阶段模型变为：

$$\min g + \sup_{\mathbb{P}_{\bar{e}} \in \mathbb{F}} \mathbb{E}_{\mathbb{P}_{\bar{e}}}[Q(\mathbf{x}, \bar{\mathbf{e}})] \tag{3.19}$$

s.t.

$$\text{约束}(3.3)—(3.7),(3.9)—(3.17)$$

$$0 < y_{p,i} < 1, 0 \leqslant t_p, t_i, \theta_i^+, \theta_i^-, \quad \forall p \in P, i \in I \tag{3.20}$$

其中航班到达时间向量中的每个元素服从一个已知的三点离散分布，离散分布基于部分已知的航班到达时间信息，具体离散分布的构建如下所示。

性质 3.1：根据 Hochman 和 Ben-Tal(1972)，一维随机变量 e 的给定函数 $f(e)$ 是凸的，随机参数 e 的概率分布 $\mathbb{P}$ 的模糊集 F 已知。有

$$\sup_{\mathbb{P}\in\mathrm{F}} f(e) = p_1 f(a) + p_2 f(\mu) + p_3 f(b), \tag{3.21}$$

其中

$$p_1 = \frac{d}{2(\mu-a)},\ p_2 = 1 - \frac{d}{2(\mu-a)} - \frac{d}{2(b-\mu)},$$

$$p_3 = \frac{d}{2(b-\mu)} \tag{3.22}$$

最坏情况下的分布 $\mathbb{P}_{\bar{e}}$ 是 $\{a,\mu,b\}$ 的三点分布，概率值为 p_1, p_2 和 p_3。公式(3.21)考虑维度 $n_e = 1$ 的一个样本随机变量。对于 $n_e > 1$，应考虑不同变量之间的协方差，当该性质扩展到多维情况时边际分布元素对应的概率值有：

$$p_1^i = \frac{d_i}{2(\mu_i - a_i)},\quad p_2^i = 1 - \frac{d_i}{2(\mu_i - a_i)} - \frac{d_i}{2(b_i - \mu_i)},$$

$$p_3^i = \frac{d_i}{2(b_i - \mu_i)},\quad i = 1, 2, \cdots, |I| \tag{3.23}$$

根据公式(3.23)，模糊集 F 和**假设 3.1**，可以获得所有航班到达时间的联合概率分布。基于公式(3.22)的一维情况，通过枚举由 a_i, μ_i, b_i 构成的高达 $3^{|I|}$ 个可能的边际组合，多维情况下的最坏期望 $f(\mathbf{e})$ 的表达式如公式(3.24)所示。

$$\sup_{\mathbb{P}\in\mathrm{F}} f(\mathbf{e}) = \sum_{\alpha\in\{1,2,3\}^{|I|}} \prod_{i=1}^{|I|} p_{\alpha_i}^i f(\varepsilon_{\alpha_1}^1, \cdots, \varepsilon_{\alpha_{|I|}}^{|I|}), \tag{3.24}$$

其中

$$\varepsilon_{\alpha_1}^i = a_i, \varepsilon_{\alpha_2}^i = \mu_i, \varepsilon_{\alpha_3}^i = b_i \quad \forall i \in I \tag{3.25}$$

随机参数 $\bar{e}_i$ 的最坏分布 $\mathbb{P}_{\bar{e}}$ 服从的边际分布为：$\mathbb{P}\{e_i = a_i\} = \frac{d_i}{2(\mu_i - a_i)}$，$\mathbb{P}\{e_i = \mu_i\} = 1 - \frac{d_i}{2(\mu_i - a_i)} - \frac{d_i}{2(b_i - \mu_i)}$，$\mathbb{P}\{e_i = b_i\} = \frac{d_i}{2(b_i - \mu_i)}$，$i = 1, 2, \cdots, |I|$。

例子 3.1：假设有两架待降航班 $I = \{1, 2\}$。每架航班的部分概率信息为 $a_1 = 5, b_1 = 10, \mu_1 = 8, d_1 = 2; a_2 = 6, b_2 = 12, \mu_2 = 9, d_2 = 1$。根据公式(3.23)，$e_1$ 关于 a_1, μ_1 和 b_1 的三点边际概率分布值分别为 $2/6, 1/6$ 和 $3/6$。e_2 关于 a_2, μ_2

和 b_2 的概率分布值分别为 $1/6,4/6,1/6$。

2) 模糊的两阶段混合整数规划问题

对于含有整数决策变量的第二阶段来说，由于第二阶段目标函数 $Q(\mathbf{x},\mathbf{e})$ 一般是非凸，因此性质 3.1 的结果不是最坏的随机参数概率分布。在 Postek 等（2019）的研究中，他们采取了两种方法来处理这个难点。第一种方法是利用一个凸的值函数 $\hat{Q}(\mathbf{x},\mathbf{e})$ 来近似原来的 $Q(\mathbf{x},\mathbf{e})$。第二种方法是保持 DRRSP 中的第二阶段目标函数 $Q(\mathbf{x},\mathbf{e})$ 不变而将 $\mathbb{P}_{\bar{e}}$ 作为一个近似的最坏概率分布。在本篇中，采取第二种近似方法。所以，根据近似的三点离散分布获得的解是近似的最坏情况解。

可以看到，由 $3^{|I|}$ 个可能的元素构成了近似最坏情况概率分布，想通过枚举所有的可能组合情况来捕捉参数的不确定性是不切实际的。因此，本章提出了一个结合启发式算法和 SAA 框架的混合样本均值近似（hybrid SAA，HSAA）算法，通过捕捉尽可能多的随机场景来获得更准确的近似解。

（三）求解算法

RSP 是 NP-hard 问题（Bianco L 等，1997），所需的计算时间随着问题的大小和考虑的场景数量急剧增加。应用于 RSP 的元启发式算法有很多，例如，模拟退火（Simulated Annealing，SA）（Rodríguez-Díaz 等，2017），遗传算法（Genetic Algorithm，GA）（Pinol 和 Beasley，2006；Beasley 等，2001），人工蜂群（Artificial Bee Colony，ABC）算法（Ng K 等，2017）。本章提出以嵌套 GA 来替代 SAA 框架中的商业求解器。具体来说，由外部遗传算法 1(GA1)和内部遗传算法 2(GA2)组成的嵌套 GA 用于解决考虑 N 个航班到达场景的样本均值近似问题。GA2 在接受 GA1 生成的第一阶段可行解后计算第二阶段问题，GA2 求出的第二阶段目标值再反哺到外层的 GA1 中。换句话说，GA2 充当最小单元求解器的作用，用于估算第二阶段的目标函数值。嵌套 GA 的框架图如图 3.5 所示。本节将依次介绍通用的 SAA 算法框架、采样方法和遗传算法。最后，以 HSAA 算法的伪代码结束本节。

1. 样本均值近似算法

SAA 算法是一类基于蒙特卡洛抽样的优化方法。由于求解考虑大规模场景的随机问题难以实现，该算法通过重复地抽取小规模的随机样本，重复地求解小规模优化问题获得第一阶段决策的可行解和原问题的下界。然后，将获得的第一阶段可行解输入问题模型中，减少原问题中决策变量的数量，再通过大规模样本的核实，达到计算原问题的上界的目的。在 SAA 算法的实现中，算法输出真实目标值 v 的下界和一组上界。下面详细介绍 SAA 算法的一般框架，该框架由五个模块组成，分别为抽样、优化求解、核实、上下界置信区间统计和终止条件。算法详细步骤如**算法 1** 所示。

算法 1：样本均值近似算法

输入：重复抽样次数 M，样本大小 N，N'

输出：目标函数上下界及其区间、第一阶段解

Step 1 抽样：选择一个样本大小 N 和一个数字 M 表示重复的数量。对于 $m = 1, 2, \cdots, M$ 从近似最坏情况分布的总体中重复采样 N 方案；

Step 2 优化：对 $m = 1, 2, \cdots, M$ 通过嵌套 GA 重复求解样本均值近似问题，并存储最优的第一阶段解 $\mathbf{x}_m$ 和相应的目标值 v_N^m。通过使用 $\underline{v} = \frac{1}{M}\sum_{m=1}^{M} v_N^m$ 和 $\sigma_{\underline{v}}^2 = \frac{1}{M(M-1)}\sum_{m=1}^{M}(v_N^m - \underline{v})^2$ 分别计算统计下限和方差；

Step 3 核实：对 $m = 1, 2, \cdots, M$，抽取大小为 N' 的样本（$N' \gg N$）。计算目标函数值 $v^s(\mathbf{x}_m), s = 1, 2, \cdots, N'$ 对样本中的每个场景根据已知的第一阶段可行解 $\mathbf{x}_m$，分别根据 $\overline{v}(\mathbf{x}_m) = \frac{1}{N'}\sum_{s=1}^{N'} v^s(\mathbf{x}_m)$ 和 $\sigma_{\overline{v}(\mathbf{x}_m)}^2 = \frac{1}{N'(N'-1)}\sum_{n=1}^{N'}(v^s(\mathbf{x}_m) - \overline{v}(\mathbf{x}_m))^2$ 计算统计上界 $\overline{v}(\mathbf{x}_m)$ 和对应的方差 $\sigma_{\overline{v}(\mathbf{x}_m)}^2$；

Step 4 置信区间：分别通过 $\underline{v} \pm t_{M-1,\alpha/2}\sigma_{\underline{v}}/\sqrt{M}$ 和 $\overline{v}(\mathbf{x}_m) \pm t_{N'-1,\alpha/2}\sigma_{\overline{v}(\mathbf{x}_m)}/\sqrt{N'}$ 求出上界和下界的置信区间，其中置信水平 $\alpha = 0.05$；

Step 5 终止：根据给定的评价标准从 M 个候选上界值中选择一个合适的上界，根据 $gap = \frac{\mathrm{UB} - \mathrm{LB}}{\mathrm{UB}} * 100\%$ 计算最优的 gap 值。

---

2. 聚类抽样方法

在 SAA 算法中，从随机事件的样本空间中采样是非常关键的过程，因为所选的样本直接确定目标值。随机采样是传统 SAA 算法中最普通的方法，只有在样本量足够大的情况下，它才能估算出近似结果。但是样本量变大直接导致问题的复杂度增加。为了提高中小样本量的计算结果的准确性，本章中采用了 Kmeans 和 Kmeans++两种聚类采样方法。

第一种聚类采样方法是基于 Kmeans 聚类技术，通过 Kmeans 聚类方法将一组场景分为 C 个少数族群。对于每个族群 C_i，本章根据数据点 x_j 和质心 u_i 之间的距离选择一个有代表性的数据点 $s_i, i \in \{1 \cdots N_k\}$。以小方块标记的离质心最近的数据点[图 1-6-(c)]是代表性的方案。最后，聚类方法可以获得一组

将在 HSAA 算法中使用的大小为 N_k 的族群代表性样本 Ω。图 1-6 显示了聚类采样过程。

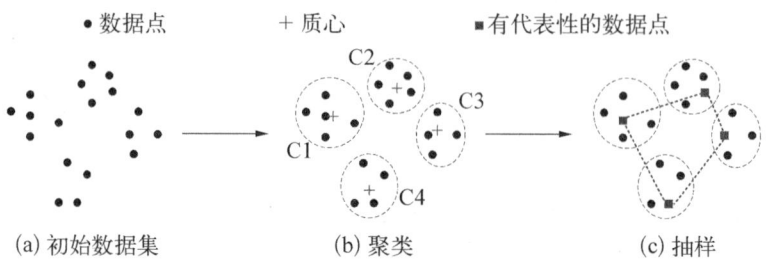

图 1-6　聚类抽样过程

第二种抽样方法为 Kemeans++聚类抽样方法，该方法是基于 Kmeans 聚类抽样的改进。在 Kmeans++聚类采样中，不是随机选择 k 个质心，而是从数据集中随机选择一个，而其余的 $(k-1)$ 个聚类中心应尽可能远离先前的质心。此外，其余步骤与 Kmeans 聚类抽样相似。

3. 遗传算法 1(GA1)

为了帮助理解 GA1 和 GA2 的逻辑关系，首先提供如图 1-7 所示的嵌套 GA 算法流程。

1) GA1 的染色体表达和种群初始化

GA1 种染色体的编码方式如图 1-8 所示的 0-1 矩阵，第一行到第三行分别表示小型，中型，和重型机型的指派决策。每列表示一个基因。种群的初始化采用在满足约束(3.3)和(3.4)条件下随机生成。

2) GA1 的适应度计算和选择方法

在 GA1 中，采用线性的适应度计算和锦标赛(Tournament)选择方法。具体来说，选择压差的计算如公式(3.26)所示，其中 $popsize$ 表示样本大小，$objval_i$ 和 $bestobjval$ 分别代表个体 i 的目标函数值和种群最优个体值。个体适应度值的计算由公式(3.27)给出，其中 $objval$ 表示种群染色体的目标函数向量，f_i 表示个体适应度值。在公式(3.27)中，参数 $\alpha \in (0,1)$，用来调节选择压力实现样本多样性的目的。

$$pressure = \frac{1}{popsize} \sum_{i=1}^{popsize} objval_i - bestobjval \qquad (3.26)$$

$$f_i = -objval_i + max(\mathbf{objval}) + \alpha \cdot pressure \qquad (3.27)$$

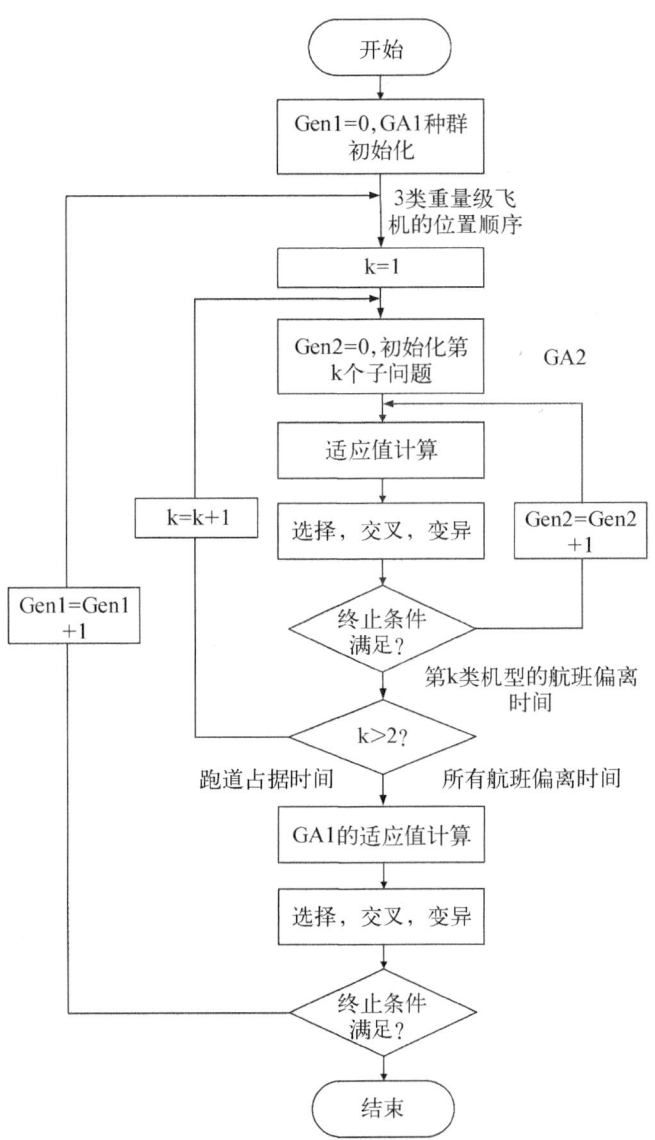

图 1-7 嵌套遗传算法流程图

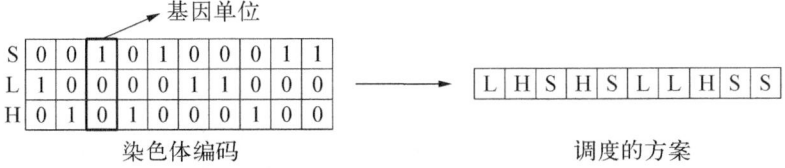

图 1-8 GA1 的染色体表示

3) 适应的交叉和变异概率

为了避免静态交叉和变异概率引起的算法过早局部收敛,本文采用适应性的交叉变异概率(Srinivas 和 Patnaik,1994)。具体的交叉 p_c 和变异 p_m 概率计算分别如式(3.28)和式(3.29)所示。

$$p_c = \begin{cases} k_1 \dfrac{f_{max} - f'}{f_{max} - f_{avg}}, & f' \geqslant f_{avg} \\ k_3, & f' < f_{avg} \end{cases} \tag{3.28}$$

$$p_m = \begin{cases} k_2 \dfrac{f_{max} - f}{f_{max} - f_{avg}}, & f \geqslant f_{avg} \\ k_4, & f < f_{avg} \end{cases} \tag{3.29}$$

其中,f_{max},f_{avg} 分别表示种群中的最大适应度值和平均适应度值,f' 指的是待交叉父代中较大的适应度值,个体的适应度用 f 表示。$k_1,k_2,k_3,k_4 \leqslant 1$ 是权重系数。在本篇中,取 $k_1=1,k_3=1,k_2=0.5,k_4=0.5$。

4) GA 的交叉和变异操作

GA1 采用两点交叉算子生成子代,图 1-9(a)展示详细的交叉过程。当交叉后生成的子代染色体不可行时需要对子代染色体进行修复。例如,"原始子代 1"是不可行,因为交叉后的染色体等导致约束(3.4)没有得到满足。在"原始子代 1"中,属于小型重量级的飞机数量应该等于 4 而不是 3。为此,需要采用修复操作使生成的染色体满足约束条件。图 1-9(b)展示了 GA1 的染色体修复过程。从一堆可作为修复基因集合中随机抽取一个,然后修改其基因使得约束条件得到满足。一旦修复操作完成后,根据变异概率对染色体进行变异操作。具体的变异算子为:随机地选择两个不同的基因,然后将后置的基因插入前置基因的前面。这种变异操作可以避免无效变异的发生。

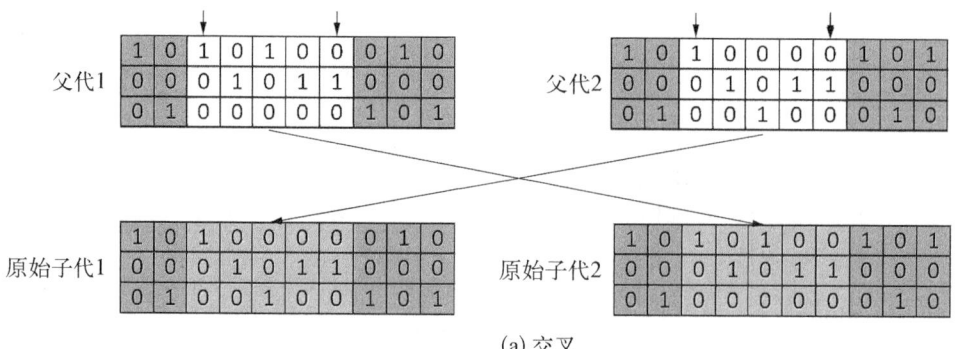

(a) 交叉

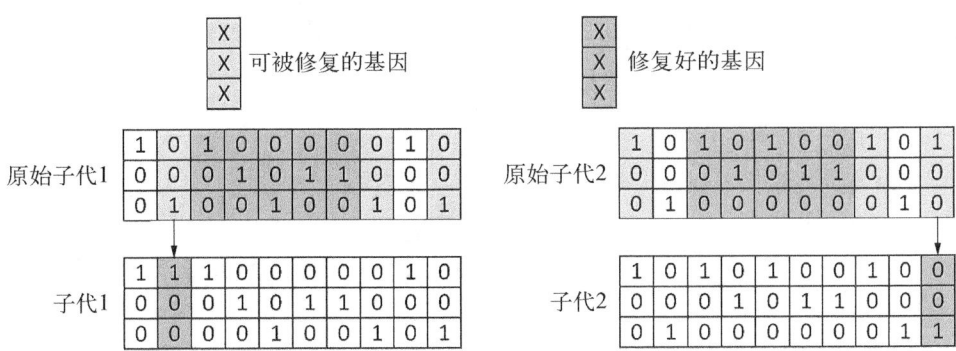

(b) 染色体的修复

图 1-9　GA1 的染色体交叉和修复

5) 停止准则

在连续迭代(以下称为 *iters*)中达到最大进化代数(*maxgen*)或最佳目标值的减少量小于阈值(以下称为 *thre*)时,迭代终止。例如,如果 *thre* = 0.005 并且 *iters* = 10,则在连续的 10 代内只要最佳目标值的减量百分比小于 0.005 时,GA1 停止。对 GA1 采用动态停止准则可以节省大量的计算时间,尤其是在涉及重复采样的 SAA 算法的应用中。

4. 遗传算法 2(GA2)

1) GA2 的染色体表达和种群初始化

图 1-10(a)显示了飞机重量等级分配决策,第一行代表着陆位置(特定航班的着陆位置),第二行表示这些位置上的飞机重量等级(小型、中型、重型)。从图 1-10(a)第一行中提取不同飞机重量类别的着陆位置,并在最后三行中显示。例如,小型飞机的着陆位置包括位置 1、2、4、6、7……23、24。图 1-10(b)详细说明了航班编号对应的飞机重量等级。根据上述解的编码形式和定义,在 GA2 中,采用了链式染色体表示每个飞机重量级下航班调度。在这种编码方法中,每个染色体都是要着陆的航班集合。第二阶段的航班着陆顺序如图 1-10(c)所示,图 1-10(c)中的第一行代表航班号和着陆顺序。图 1-10(d)说明了 GA2 中染色体的编码方式。在种群初始化中,对每个飞机重量级别下的航班序列采用随机生成的方式。

2) GA2 的适应度计算和选择操作

GA2 的适应度的计算和选择方法与 GA1 类似。

降落位置	1	2	3	4	5	6	7	8	9	10	11	12	13	14	15	16	17	18	19	20	21	22	23	24
第一阶段解	S	S	L	S	H	S	S	L	L	L	H	H	S	L	S	H	S	H	L	S	L	H	H	S	S

小型机的降落位置 | 1 | 2 | 4 | 6 | 7 | 13 | 15 | 18 | 23 | 24 |

中型机的降落位置 | 3 | 8 | 9 | 10 | 14 | 17 | 19 | 22 |

重型机的降落位置 | 5 | 11 | 12 | 16 | 20 | 21 |

(a) 第一阶段问题解

航班编号	1	2	3	4	5	6	7	8	9	10	11	12	13	14	15	16	17	18	19	20	21	22	23	24
航班机型重量级	S	S	S	S	S	S	S	S	S	S	L	L	L	L	L	L	L	L	H	H	H	H	H	H

(b) 航班的编号和对应的机型重量级

第二阶段解	1	2	11	3	19	4	5	12	13	14	20	21	6	15	7	22	16	8	17	23	24	18	9	10
第一阶段解	S	S	L	S	H	S	S	L	L	L	H	H	S	L	S	H	S	L	H	H	L	S	S	

(c) 第二阶段问题解

小型机的染色体表示 | 1 | 2 | 3 | 4 | 5 | 6 | 7 | 8 | 9 | 10 |

中型机的染色体表示 | 11 | 12 | 13 | 14 | 15 | 16 | 17 | 18 |

重型机的染色体表示 | 19 | 20 | 21 | 22 | 23 | 24 |

(d) 第二阶段问题的染色体表示

图 1-10　GA2 的染色体表示

3) GA2 的交叉和变异操作

在 GA2 中,使用了循环交叉(Cycle Crossover,CX)。图 1-11 说明了如何应用 CX 生成新的后代。CX 的详细实现包括三个步骤。首先,从一个亲本(例如"父代 1")中随机选择一个基因(例如 1),并从另一个亲本中提取位于相同位置的另一个基因(例如 5),然后返回"父代 1"并找出对应的位置。接下来选择位于父代 2 的第 5 位的基因(例如 2)。重复之前的工作,直到形成基因环。如图 1-11(a)所示,选定的基因环为 1→5→2→4→9→1。其次,通过将来自"父代 1"的选定基因插入到相应位置来生成"原始子代 1",如图 1-11(b)所示。"原始子代 2"以相同的方式获得。第三,如图 1-11(c)所示,"父代 2"和"父代 1"中的其余基因分别插入"原始子代 1"和"原始子代 2"中。最后,得到了后代。当满足突变概率时,采用双点突变作为 GA2 中的突变算子。

4) 停止准则

由于 GA2 求解的子问题规模已经很小,参数预实验的结果表明,GA2 中的所有个体几乎都是最优解。因此,当总体平均适应度等于最佳个体的适应度时,GA2 停止。

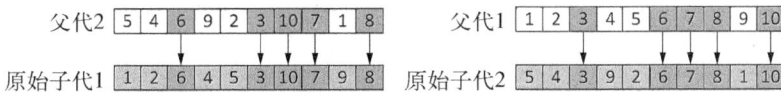

图 1-11　GA2 的交叉算子

5. 混合样本均值近似算法（HSAA）

HSAA 算法框架的详细信息在**算法 2** 中介绍。在**算法 2** 中，问题规模给定

算法 2：HSAA 算法

　　输入：重复抽样次数 M，抽样大小 N，一个更大的样本大小 N'
　　输出：第一阶段解 $\mathbf{x}$，目标值上界 UB，目标值下界 LB
1　for $m = 1 : M$ do
2　　$S_N \leftarrow$ 利用抽样技术生成一个规模为 N 的样本；
3　　利用**嵌套 GA** 求解样本 S_N 下的 SAAP；
4　　$\mathbf{x}_m \leftarrow$ 一个可行的第一阶段解；
5　end
6　计算统计下界和下界的置信区间；
7　for $m = 1 : M$ do
8　　$S_{N'} \leftarrow$ 抽取大小为 $N'(N' \gg N)$ 的样本；
9　　for $s \in S_{N'}$ do
10　　　根据已知的第一阶段决策用 GA2 求解第 n 个第二阶段问题 $Q(\mathbf{x}_m, \mathbf{e}^n)$，其中 $n \in \{1, 2, \cdots, N'\}$；
11　　end
12　　计算统计上界和上界的置信区间；
13　end
14　根据设定的标准从上界集合中选择一个作为上界值。

的算法计算时间估算如下。假设 GA2 的运行时间为 0.01 s，对于 $popsize_1 = 50$，$maxgen_1 = 30, N = 30, |K| = 3$ 的跑道调度问题，最大计算时间约为 $50·30·30·3·0.01$ s $= 1 350$ s。若重复采样次数 $M = 10$，HSAA 算法中"优化步骤"的总计算时间为 13 500 s。在验证步骤中，如果样本大小 $N' = 1 000$，则运行时间约为 $10·1 000·3·0.01$ s $= 300$ s。

（四）数值实验

本节开展了一系列数值实验来说明：① 模型和算法的效率与效果；② SAA 中的参数对 HSAA 算法的影响；③ 抽样方法对目标函数精确性的影响。所有的数值实验都是在配置为 Inter(R) Core(TM) i5-6500U CPU @3.2 GHz 和 4 GB RAM 的电脑上用 MATLAB 编程运行。

本节第一部分进行实验算例和参数预实验。通过与机场实际的调度方法和现有的商业求解器对比，本节第二部分总结了本章方法对跑道调度效率的提升。本节第三部分进行了算法的参数灵敏性分析。最后分析在采用聚类抽样的方法时，用于聚类的样本大小对计算效果的影响。

1. 数据描述和参数预实验

跑道的单位时间利用成本取 $\lambda = 10$，延误和早到的单位时间成本分别为 $\lambda_i^+ = 2·k_i$ 和 $\lambda_i^- = k_i$，其中 $k_i = 1, 2, 3$ 分别表示重量级小型，中型和重型。所有例子中每种重量级的航班数量是均匀分布的。航班的到达时间均值（时间单位为秒）$\mu_i, i = 1, 2, \cdots, |I|$ 根据航班的到达率获得。预计的达到时间 e_i 所在的模糊集 F 信息为：$a_i = \mu_i - U[300, 900], b_i = \mu_i + U[300, 900], d_i = 300$，其中 $U[300, 900]$ 表示服从区间 $[300, 900]$ 的均匀分布。航班的最早达到时间 τ_i 不能早于预计到达时间 30 分钟。

在 GA1 和 GA2 中，选择压力系数 α，样本大小 $popsize$ 和迭代次 $maxgen$ 是三个关键参数，它们对 HSAA 算法的收敛时间和求解质量有重大影响。根据参数预测试结果，根据解决方案质量和计算时间之间的折衷，选择 ($\alpha_1 = 0.000 1$, $\alpha_2 = 0.000 1$) 作为行为良好的选择压力系数。在 GA2 中，首选种群规模 $popsize_2 = 50$，迭代次数 $maxgen_2 \geqslant 30$。当 $popsize_1 \geqslant 50$ 和 $maxgen_1 \geqslant 40$ 时，GA1 的收敛性精度得到保证。

2. 嵌套遗传算法和两阶段优化的效果分析

为了评估嵌套 GA 的效率和两阶段优化方法的有效性，通过将嵌套遗传算法与精确方法例如使用 CPLEX 求解混合整数规划（Mixed-integer Programming，

MIP)和实际中的先来先服务(First-Come-First-Serve,FCFS)的调度规则(Ng 等,2010)进行比较来说明模型和算法的有效性。表 1-2 中给出用于比较的实验算例信息。表 1-3 和表 1-4 中总结了不同问题规模下嵌套 GA 和采用商业求解器 CPLEX 的计算结果。表 1-5 给出本模型与 FCFS 的比较结果。

表 1-2 算 例 信 息

例 子	I1	I2	I3	I4	I5	I6
航班数量	15	15	30	30	60	60
航班到达率(航班数/小时)	30	60	30	60	30	60

首先分析 HSAA 的算法效率,在小规模采样下(例如,采样量 $N < 5$)随机生成一些样本作为航班到达时间的可能情况。如表 1-3 所示,CPLEX 能够在 1 500 秒内获得 15 个航班的"I1-I2"实例的着陆成本。"gap"列记录了嵌套 GA 和精确方法之间目标值的相对差距,最大"gap"值为 0.11,其平均值为 0.07,这表明在小规模问题下嵌套 GA 几乎可以实现和精确方法相同的求解效果。另外,根据"时间"列记录的求解时间来看,嵌套 GA 的耗时远小于精确方法,嵌套 GA 的计算效率得到了验证。

表 1-3 小样本下的嵌套遗传算法和混合整数规划的结果比较

N	算例	嵌套 GA			CPLEX 求解器			gap
		目标值	跑道成本	时间(s)	目标值	跑道成本	时间(s)	
2	I1	29 336	15 690	59.4	26 708	13 970	837.6	0.09
	I2	25 913	13 680	40.5	24 883	12 670	677.6	0.04
3	I1	30 384	15 170	117.6	27 320	13 320	1 114.8	0.10
	I2	29 299	13 180	89.1	26 106	12 400	493.8	0.11
4	I1	29 173	15 600	181.3	28 476	13 350	1 385.4	0.02
	I2	25 928	12 960	157.1	24 459	12 960	1 481.3	0.06

此外,考虑大样本量 $N \in \{10, 20, 50\}$,设置求解器的最大计算时间为 3 600 s。计算的结果如表 1-4 所示。符号"—"表示在计算机内存不足之前没

有得到可行解。对于具有 15 个航班且样本大小为 $N=10$ 的算例,商业求解器无法在 3 600 s 内获得全局最优解。相反,嵌套 GA 在 1 600 s 内输出了满足算法收敛条件的可行解。此外,由于航班数量超过 15 或采样大小 $N>10$ 时,商业求解器会因为内存不足而自动中断计算。计算结果表明,精确方法只能处理小规模的航班数量和样本数量。相反,嵌套 GA 算法能够胜任实际规模的问题。

表 1-4 大样本下的嵌套 GA 和混合整数规划的结果比较

N	算例	嵌套 GA			CPLEX 求解器		
		目标值	跑道成本	时间(s)	目标值	跑道成本	时间(s)
10	I1	27 242	15 080	244	27 393	13 580	>3 600
	I2	23 088	12 180	210	27 775	12 930	>3 600
	I3	49 171	31 140	1 570	158 953	29 020	>3 600
	I4	49 127	25 540	1 349	—	—	—
	I5	120 133	41 830	3 922	—	—	—
	I6	130 631	39 190	2 583	—	—	—
20	I1	28 946	15 080	527	—	—	—
	I2	22 806	12 730	406	—	—	—
	I3	51 286	30 910	2 876	—	—	—
	I4	50 281	25 600	2 214	—	—	—
	I5	116 267	41 470	7 734	—	—	—
	I6	110 806	39 810	5 637	—	—	—
50	I1	29 450	15 080	570	—	—	—
	I2	23 197	12 730	666	—	—	—
	I3	50 877	30 100	4 862	—	—	—
	I4	50 825	25 310	4 560	—	—	—
	I5	106 918	41 730	12 147	—	—	—
	I6	113 876	38 930	8 626	—	—	—

"—"表示无可行解

为了证明两阶段优化模型的有效性,通过样本外测试将第一阶段解决方案的效果与机场实际的 FCFS 进行了比较。从近似分布中选取大样本 $N'\in\{500, 1\,000, 10\,000\}$ 来评价第二阶段的偏离成本。表 1-5 中的"偏离成本"和"跑道成本"分别表示航班偏离成本和跑道占用成本。在表 1-5 的最后两列中,本章通过 FCFS 的方式来计算相同 N' 个情景的航班偏离成本和跑道占用成本。可以发现,精确方法的偏差成本大于嵌套遗传算法。此结果与表 1-4 中得到的结论一致,即在大样本量下嵌套 GA 优于 CPLEX 的结论。而且,无论使用哪种求解方法,使用 FCFS 的平均偏差成本都比使用两阶段优化的平均偏差成本高得多。例如,对于嵌套 GA 和精确求解方法,实例"I1"的总偏离时间成本分别为 12 665 和 13 058,远小于 FCFS 的 12 486 596。计算结果表明,与 FCFS 方式相比,本章提出的模型可以提高跑道调度效率,尤其是在减少偏差成本方面。此外,将表 1-4 和表 1-5 中的"跑道成本"列进行比较,在航班数量为 60 的"I5-I6"实例中 FCFS 的平均跑道占用成本约为两阶段优化的 1.5 倍,该结果进一步表明,两阶段优化在减少着陆飞行次数较大时减少跑道占用时间和总偏离时间方面优于 FCFS。

表 1-5 样本外的仿真结果比较

N'	算例	嵌套 GA 偏离成本	CPLEX 求解器 偏离成本	先到先服务 偏离成本	先到先服务 跑道成本
500	I1	12 655	13 058	12 486 596	14 445
	I2	12 755	13 056	9 736 515	14 593
	I3	14 756	71 217	27 330 525	29 940
	I4	14 745	—	9 677 218	29 552
	I5	19 978	—	57 180 583	60 731
	I6	13 707	—	9 197 727	60 606
1 000	I1	12 602	13 081	12 711 499	14 472
	I2	12 940	13 031	10 008 447	14 584
	I3	14 369	68 698	27 609 427	29 902
	I4	14 856	—	9 832 524	29 532
	I5	20 037	—	57 506 457	60 712
	I6	13 783	—	9 385 972	60 634
10 000	I1	12 714	13 183	12 579 481	14 469
	I2	12 907	13 128	9 843 750	14 623
	I3	14 720	69 557	27 466 502	29 899
	I4	14 813	—	9 693 677	29 567
	I5	19 826	—	57 348 147	60 744
	I6	13 692	—	9 210 364	60 567

"—"表示无可行解

3. HSAA 算法效果分析

为了衡量 HSAA 算法的性能,本章首先根据上界和下界的置信区间引入两个最优差距(optimality gap)。图 1-12 给出两类 gap 值的定义。为方便起见,本章使用 LB_E(UB_E)表示上界和下界的估计值,左置信区间和右置信区间分别缩写为 CIL 和 CIR。$gap_E = \dfrac{UB_E - LB_E}{UB_E} \cdot 100\%$ 表示基于期望值的名义最优差距;$gap_{abs} = \dfrac{UB_{CIR} - LB_{CIL}}{UB_{CIR}} \cdot 100\%$ 表示绝对最优差距值。以下数值实验基于都基于算例"I3"。

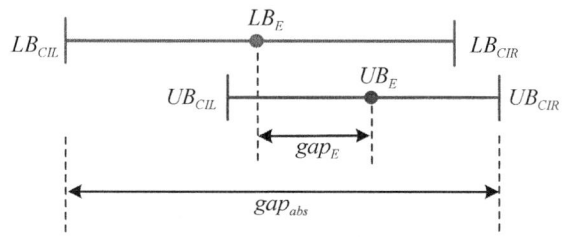

图 1-12 两种 gap 值的定义

1) 重复抽样次数 M 对算法收敛性分影响

设置样本参数 $N = 30, N' = 10\,000$,重复抽样次数 $M \in \{5, 10, 15, 20, 25, 30\}$。实验结果显示如表 1-6 所示。在表 1-6 中列"下界值"("上界值")给出置信水平为 95% 的下界(上界)的置信区间信息。两类 gap 值分别显示在第 4~5 列中。"时间"一列以秒为单位记录计算时间。

表 1-6 随机抽样下重复抽样次数 M 对 HSAA 算法的影响

M	下界值 (95%置信区间)	上界值 (95%置信区间)	gap_E	gap_{abs}	时间(s)
5	67 467±2 694	69 835±150	3.39%	7.45%	15 165
10	67 231±1 724	67 867±130	0.94%	3.66%	33 014
15	67 906±1 032	68 494±128	0.86%	2.55%	47 456
20	67 804±940	68 082±146	0.41%	2.00%	63 333
25	67 678±942	68 259±143	0.85%	2.44%	80 660
30	67 421±638	67 801±145	0.56%	1.71%	95 366

从表 1-6 可以看出，下界值的置信区间的长度随着重复数 M 的增加而减小。当 M 从 5 增加到 30 时，下界的值范围从 [64 773, 70 161] 降低到 [66 783, 68 059]。置信区间越短，下界越准确。此外，当重复抽样次数 M 增加时，"上界"通常会减小。如表 1-6 所示，考虑的 M 越大获得的解的 gap 值越小，下界的置信区间越短，结果精确越高。但是，当抽样次数 M 增加时，算法的耗时越长。该观察结果表明，HSAA 算法选择一个合适的 M 以达到计算结果精度和计算时间的平衡。比如，当 $M=15$ 时，输出的近似解的 $gap_E < 1\%$ 和 $gap_{abs} < 3\%$，计算时间（少于 13 小时）可以接受。虽然采取更大的 M 值能够略微地提高计算结果准确度，但在实践中以忽略大量的计算时间代价来寻求解决方案精度的微弱提高是没有意义的。

2）样本大小 N/N_k 的影响分析

给定 M，需要多大的样本规模才能获得有保证的解。为了说明不同样本量和抽样方法对算法效果的影响，本章分析了一组样本量 $N/N_k \in \{5, 10, 15, 20, 30, 40, 50, 60\}$，并随机生成来自随机参数近似分布的 $N=1\,000$ 个体作为聚类抽样方法输入数据集。根据本章第四节第三小节中的讨论，选择 $M=15$。计算结果如图 1-13 和表 1-7 所示。

图 1-13 显示了随着样本量的增加优化目标上下界的变化情况。随着样本数量的增加，三种抽样方法下的目标值都表现出收敛的迹象。图 1-13 表明当考虑的样本大小超过 40 时 gap_E 变得很紧，gap 值的缩小主要归因于图 1-13 中所示的下界的增大。

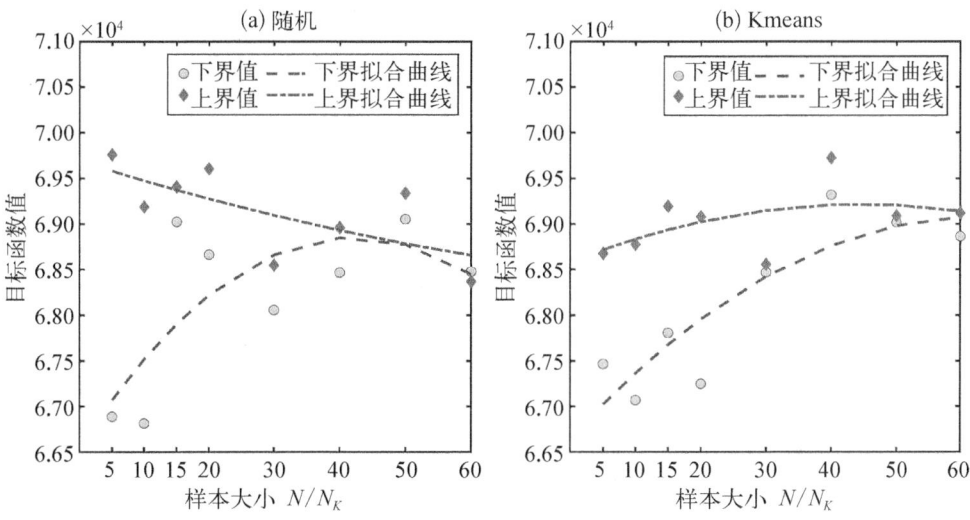

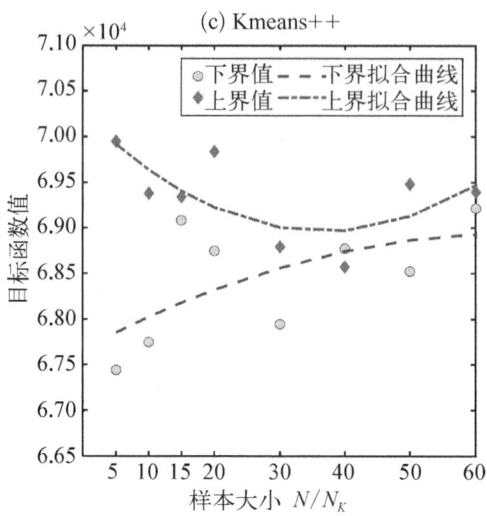

图 1-13　不同抽样方法目标值上下界的拟合曲线

表 1-7　不同抽样方法下抽样大小 N/N_k 对 HSAA 算法的影响

N/N_k	gap_E			gap_{abs}			时间(s)		
	随机	Kmeans	Kmeans++	随机	Kmeans	Kmeans++	随机	Kmeans	Kmeans++
5	4.12%	1.76%	3.59%	7.24%	5.04%	6.43%	26 804	30 804	28 005
10	3.43%	2.48%	2.35%	5.70%	4.37%	4.41%	32 362	35 951	33 783
15	0.55%	2.01%	0.38%	2.66%	4.21%	2.05%	35 081	37 700	36 092
20	1.35%	2.74%	1.56%	2.89%	5.10%	3.38%	40 476	43 632	41 827
30	0.72%	0.13%	1.23%	2.89%	2.49%	3.16%	51 913	51 560	53 092
40	0.72%	0.58%	−0.29%	2.75%	2.60%	1.38%	62 294	59 264	58 920
50	0.41%	0.10%	1.38%	2.12%	1.80%	3.08%	68 389	63 548	67 175
60	−0.16%	0.63%	0.26%	1.27%	1.97%	2.07%	62 780	69 049	78 465
平均值	1.39%	1.31%	1.31%	3.44%	3.45%	3.25%	47 512	48 938	49 670

从表 1-7 中可以看出，随着 HSAA 算法中样本量的增加，使用聚类采样方法获得的 gap_E 的值通常比随机抽样方式小。当采样量很大时（例如 $N/N_k \geqslant 40$），gap_E 收敛到 0。所有抽样方法中的最大 gap_E 值小于 5%，随机抽样、Kmeans 聚类抽样和 Kmeans++ 聚类抽样下的平均 gap_E 分别为 1.39%、

1.31% 和 1.31%。此外，gap_{abs} 的情况与 gap_E 相似，随着采样大小增加到 60，它迅速减小并收敛到 2%。所有采样方法中的最大和最小 gap_{abs} 分别小于 8% 和 2%。由于样本量大于 30，随机和 Kmeans 抽样方法下的 gap_{abs} 小于 3%，而在 Kmeans++ 抽样情况下，当样本量 $N_k \geqslant 15$ 时该值小于 4%。随机抽样、Kmeans 聚类抽样和 Kmeans++ 聚类抽样下的 gap_{abs} 的平均值分别为 3.44%、3.45% 和 3.25%。HSAA 算法中使用的不同采样方法之间的计算时间差异几乎可以忽略。可以得出的结论是，就解的质量而言，采用 Kmeans++ 聚类抽样技术的 HSAA 算法优于随机和 Kmeans 聚类抽样技术的情况。

3) 聚类抽样中候选样本大小 N 对结果的影响

本小节分析利用聚类抽样方法生成随机参数样本的 HSAA 算法中，候选样本大小 N 对 HSAA 算法的影响。本章关心的要点为：① 在 HSAA 算法的优化阶候选样本需要多大才可以保证被选出具有代表性的样本；② 哪种聚类抽样算法的效果更好。

表 1-8 总结了每个样本大小 N 的解的质量和计算时间，取 $N_k = 20$。可以直观地观察到，除了 $N = 2\,000$ 的情况，Kmeans++ 聚类抽样方法的 gap_E 和 gap_{abs} 均小于 Kmeans 聚类抽样方法的值。Kmeans 聚类抽样下的 gap_E 和 gap_{abs} 的平均值分别为 2.60% 和 5.12%，Kmeans++ 聚类抽样下的平均值分别为 1.63% 和 3.91%。这些结果表明，在计算时间没有明显的差别的情况下，Kmeans++ 聚类抽样的表现优于 Kmeans 聚类抽样方式。另外，如表 1-8 所示，备选样本的数量越多，两类 gap 值越小。从表 1-8 中可以直观地看出，为了保证计算的精度，采用聚类抽样方法的备选样本量应不小于 500。

表 1-8 聚类抽样下不同的 N 对 HSAA 算法影响

N	gap_E		gap_{abs}		时间(s)	
	Kmeans	Kmeans++	Kmeans	Kmeans++	Kmeans	Kmeans++
100	4.13%	2.99%	6.68%	5.51%	41 486	43 588
300	2.08%	1.70%	4.66%	4.15%	41 260	43 185
500	2.67%	1.21%	6.03%	3.60%	42 923	41 967
1 000	2.74%	1.56%	5.10%	3.38%	44 632	41 827
1 500	2.69%	0.86%	4.45%	3.30%	43 574	42 692
2 000	1.31%	1.49%	3.81%	3.54%	41 695	41 943
平均值	**2.60%**	**1.63%**	**5.12%**	**3.91%**	**42 595**	**42 534**

(五) 案例研究

本节展示模型和算法的结果如何应用于实际问题。

1. 案例数据

2017 年,虹桥机场共接待进出港旅客 4 191.13 万人次,实现货邮吞吐量 40.80 万吨,起降航班 263 720 架次。2019 年,虹桥机场客运吞吐量为 4 567 万人次。虹桥机场设有两条南北向的跑道,编号为 18L/36R 和 18R/36L,位于两个航站楼之间。两条跑道间隔 365 米。虹桥机场虽然有两条平行跑道,但由于间距不满足安全要求,故只能当做一条跑道使用,只能一起一落。本案例摘取了繁忙时段 14:00～15:00 内虹桥机场的 21 条进港航班数据,具体如表 1-9 所示。在进港的航班中,机型 73L、32N、320、32M、73M 属于小机型,机型 767、330 和 340 属于中机型,机型 747、777、787 属于重机型。航班到达时间的部分分布信息为:计划到达时间为均值;由于可得的航班历史数据记录有限,本节取 2020 年 3 月 14—15 日的航班偏离水平均值为 MAD;支持集为航班计划达到时间±2 * MAD。

表 1-9 虹桥机场某日 14:00～15:00 进港航班数据

计划到达	实际到达	航班号	航空公司	候机楼	机 型
14:00	14:03	NS3219	河北航空	虹桥(T1)	73L
14:05	13:47	HO1078	吉祥航空	虹桥(T2)	32N
14:10	13:50	HO1132	吉祥航空	虹桥(T2)	32M
14:10	13:51	FM9208	上海航空	虹桥(T2)	767
14:10	13:43	MF8577	厦门航空	虹桥(T1)	787
14:10	13:28	HO1048	吉祥航空	虹桥(T2)	32N
14:10	13:38	CZ3657	南方航空	虹桥(T2)	747
14:20	13:45	CZ6981	南方航空	虹桥(T2)	320
14:20	14:00	ZH9507	深圳航空	虹桥(T2)	340
14:25	14:07	MU5560	东方航空	虹桥(T2)	32M
14:25	14:26	FM9538	上海航空	虹桥(T2)	330
14:30	14:22	FM9396	上海航空	虹桥(T2)	73M
14:35	14:19	SC4669	山东航空	虹桥(T2)	320
14:35	14:11	FM9514	上海航空	虹桥(T2)	777
14:40	14:59	FM9310	上海航空	虹桥(T2)	73M
14:40	14:10	9C8898	春秋航空	虹桥(T1)	32M
14:45	14:16	HU7601	海南航空	虹桥(T2)	767

续 表

计划到达	实际到达	航班号	航空公司	候机楼	机型
14:45	14:37	FM9226	上海航空	虹桥(T2)	73M
14:50	16:51	CZ3549	南方航空	虹桥(T2)	340
14:50	14:41	FM9172	上海航空	虹桥(T2)	73M
15:00	14:29	FM9368	上海航空	虹桥(T2)	767

2. 计算结果与分析

混合样本近似算法参数取 $M=5, N=30, N'=1000$，其他参数与 3.4.2 节中的算例"I3"一致。输出上界值最小的解。第一阶段机型重量级的决策如表 1-10 所示，第二阶段的具体航班的降落决策有 $N=30$ 种场景，受篇幅限制，本节从中选取 4 个展示在表 1-11。

表 1-10 飞机重量级的降落顺序决策

降落顺序编号	#1	#2	#3	#4	#5	#6	#7	#8	#9	#10	#11
小型机	1	1	1	1	1	1	—	1	1	1	1
中型机	—	—	—	—	—	—	1	—	—	—	—
大型机	—	—	—	—	—	—	—	—	—	—	—

降落顺序编号	#12	#13	#14	#15	#16	#17	#18	#19	#20	#21
小型机	1	—	—	—	—	—	—	1	—	—
中型机	—	1	1	1	1	—	—	—	—	—
大型机	—	—	—	—	—	1	1	1	—	1

"1"表示指派
"—"表示不指派

表 1-11 不同场景下具体的航班调度决策

调度顺序	场景 1		场景 2		场景 3		场景 4	
	航班号	机型	航班号	机型	航班号	机型	航班号	机型
#1	FM9172	73M	FM9310	73M	9C8898	32M	HO1048	32N
#2	HO1048	32N	NS3219	73L	SC4669	320	HO1132	32M

续表

调度顺序	场景1		场景2		场景3		场景4	
	航班号	机型	航班号	机型	航班号	机型	航班号	机型
#3	HO1132	32M	CZ6981	320	HO1048	32N	SC4669	320
#4	FM9226	73M	FM9172	73M	HO1078	32N	FM9226	73M
#5	HO1078	32N	HO1078	32N	NS3219	73L	MU5560	32M
#6	FM9396	73M	HO1132	32M	MU5560	32M	FM9310	73M
#7	FM9538	330	HU7601	767	CZ3549	340	CZ3549	340
#8	9C8898	32M	FM9396	73M	FM9396	73M	9C8898	32M
#9	SC4669	320	HO1048	32N	HO1132	32M	CZ6981	320
#10	FM9310	73M	SC4669	320	FM9172	73M	NS3219	73L
#11	NS3219	73L	9C8898	32M	FM9226	73M	FM9172	73M
#12	MU5560	32M	MU5560	32M	FM9310	73M	FM9396	73M
#13	FM9368	767	FM9208	767	FM9208	767	FM9538	330
#14	CZ3549	340	FM9538	330	HU7601	767	FM9368	767
#15	HU7601	767	FM9368	767	FM9538	330	HU7601	767
#16	FM9208	767	CZ3549	340	FM9368	767	FM9208	767
#17	FM9514	777	FM9514	777	ZH9507	777	ZH9507	777
#18	ZH9507	777	CZ3657	747	FM9514	777	CZ3657	747
#19	CZ3657	747	MF8577	787	CZ3657	747	MF8577	787
#20	CZ6981	320	FM9226	73M	CZ6981	320	HO1078	32N
#21	MF8577	787	ZH9507	777	MF8577	787	FM9514	777

表1-10中数字"1"表示机型重量级的决策,如位置1~6、8~12、和20降落航班执飞机型为小机型的航班,第7、第13~16位置降落中机型的航班,第17~19、第21位置降落重机型的航班。因为航班的到达时间不确定,不同场景下的具体航班调度决策不同。具体地,如果不确定场景1发生或不确定的航班到达时间与场景1类似,那么第1~6个位置分别依次安排航班FM9172、HO1048、HO1132、FM9226和FM9396。如果不确定的航班到达时间与场景2相似,则第1~6个位置分别依次安排航班FM9310、NS3219、CZ6981、FM9172、HO1078和HO1132。场景3、4依次类推。

相比"先到先服务"的调度规则,本章模型的输出结果给了塔台调度人员一些辅助决策支持，在不清楚航班实际到达时间下，调度人员明白在哪个位置降落哪类重量级的机型是最优的。具体而言，在第1个位置，如果同时来了中型机和小型机或者小型机比中型机晚来一点，那么调度人员应该选择先降落小型机。又如，如果开始安排第7架航班降落时，本节的机型重量级结果提示此时应该安排中型机，那么调度人员只要在所有航班中优先选择中型机的航班降落，这样就大大减少了调度人员的决策范围，提高了调度效率。

（六）小结

本章主要运用分布式鲁棒优化模型，求解航班实际到达时间不确定的跑道调度问题。具体而言，本章考虑不确定参数的分布信息是部分已知的情况。这些信息包括随机变量的均值，MAD和支持集。首先，根据给定的信息建立分布式鲁棒模型的模糊集，构建一个近似于最坏情况的离散分布。其次，针对大规模问题的复杂性，开发一种整合遗传算法的混合样本平均近似算法。最后，分析三种选择随机参数样本的抽样方法。通过数值实验证明了所提出的模型和求解算法的有效性。计算结果表明：① 相比FCFS的调度方法，分布式鲁棒模型的调度方案效果更好；② 相比商业求解器，HSAA算法具有更高的计算效率；③ HSAA算法中使用的聚类采样方法在改善近似结果方面，表现优于随机采样方法。最后，以虹桥机场的进港航班数据为例，说明模型和算法的输出结果如何应用于实际问题。

四、随机的航站楼值机人员调度问题优化

本章研究的是不确定环境下为国内航班离港任务指派值机人员的调度问题，航空公司需要为每个航班活动安排满足数量和技能要求的值机人员。相比现有文献的确定型值机人员调度研究，本章考虑由于航班延误等因素导致活动开始时间的不确定，建立一个两阶段随机航站楼值机人员指派问题模型。在该模型中，任务的开始时间具有不确定性，模型的第一阶段决策负责分配值机人员负责不同的区域；第二阶段在任务开始时间清晰后为处于该区域的值机人员指派具体的任务。在该随机问题中，值机人员的工作能力是异质的，模型考虑每个员工的用餐休息和间隔休息要求。由于该问题是一个NP-hard问题（Kuo Y H 等，2014），本章采用逐步对冲算法（Progressive Hedging Algorithm，PHA）作为求解策略。

（一）问题描述

图 1-14 给出了一个航站楼值机活动的示意图，根据目的地的不同，该航站楼分为 A、B、C 和 D 四个区域。在每架航班出发前 30～60 分钟，需要安排值机人员在登机口负责值机服务（如检票、应对突发事件等）。任务的时长由航班执飞机型的大小而定，标准航班为 30 分钟，大型航班为不少于 45 分钟。值机人员的班次由航空公司给定，根据一天内的班次数量可分为"三班倒"或"四班倒"。值机人员根据制定的调度表，在工作时间内完成一系列的值机服务和休息。值机人员尽量避免跨区域的任务，因为这不仅需要消耗大量步行时间还增加了员工的负担。如安排员工在完成 A 区域 09:15 的值机任务后去 B 区域完成 10:15 的任务是不建议的，合理的安排是让负责 B 区域的员工完成该区域的所有值机任务。在设计调度表时，还需要考虑安排员工的用餐和休息时间，如需要保证每名员工一天有两次休息间隔和一次用餐时间。考虑到航班乘员中存在外国旅客，所以每次任务都需要至少安排一名掌握英语的值机人员，该值机人员称为完全胜任人员，其他称为部分胜任人员。

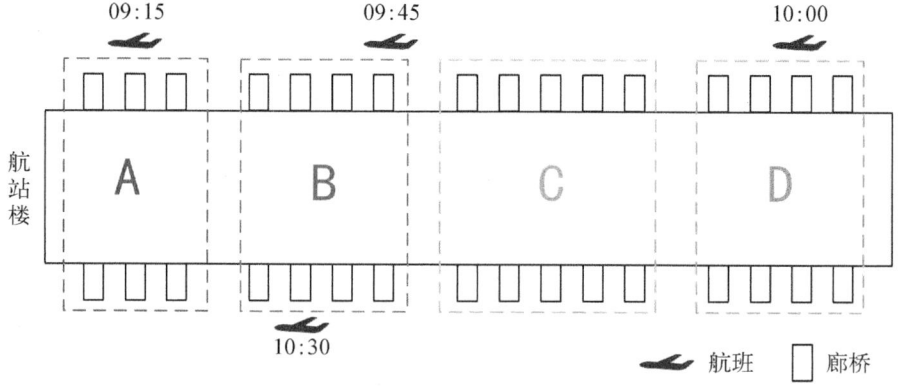

图 1-14 航站楼和航班任务示意图

日常的值机排班方案需要提前 1～2 天制订，并且会随着意外事件的发生而调整。在实际情况中，航空公司有专职调度人员负责制定当日之后一两天的详细值机人员调度方案，专职调度人员的决策支持技术有限，更多的是凭借个人经验和对值机人员的信息掌握来制订一个可行的调度表。另外，调度员不是每次都制定一个新的调度表，而是经常修改前一周同一天的调度表（因为航班时刻表和值班人员班次安排可能很相似），因此只需对航班时刻表的变动和客流量的变化做稍许调整。在航班能够按照预定的航班时刻表行动时,这种确定的人员调度表具有可行性。然而,机场的地面活动充满了不确定性,离港航班的实际出发时间存在很大的波动性,如 A 区域预计 09:15 起飞的航班延误 30~60 分钟。对此调度员可以采取两种做法:① 随时根据航班信息调整值机人员,这大大增加了调度员的工作强度;② 原定的人员调度表不变,值机人员此段时间空闲,造成人力资源浪费。为了减少调度员的工作强度,减少人力资源的浪费,需要提出科学的人员指派模型将不确定性纳入值机人员调度计划中。

本章提出一种考虑航班任务开始时间不确定的值机人员调度模型,力图将正确的人员在正确的时间安排在正确的位置,以此来减轻调度员的工作压力和提高值机人员调度表的效果。本章提出了一个两阶段的随机值机人员调度模型,模型的第一阶段决策是指派每个员工的任务区域,避免员工跨区域活动。第二阶段在航班任务的开始时间确定后,再为该区域内的任务分配具体的值机人员。该模型保证员工的中途休息和用餐休息要求,以最小化加权:① 人员缺乏,② 指派部分胜任人员值机,③ 不理想的用餐开始时间为优化目标。本章的主要贡献包括:① 在模型方面,提出了航站楼值机人员指派的随机优化模型;② 在算法方面,利用 PHA 求解值机人员随机优化模型,提高了问题的求解能力。

(二)数学模型

本节首先介绍以最小化员工成本为目标的随机值机人员调度模型,为了使随机模型能够反映不同决策主体的风险偏好,随后介绍了用于衡量风险的条件风险值的基本概念,最后给出了风险规避的值机人员调度模型。当风险规避的值机人员调度模型中的风险参数取 0 时,该模型就变成了基于期望的随机规划模型,所以人员调度的随机模型引入风险衡量普适性更强。

本章研究的是一个随机的值机人员调度问题,在给出本章问题的数学模型之前,为提高模型的准确性,基于文献(Kuo Y H 等,2014)需要做出以下假设。

假设 4.1:当天的值机人员排班表是已知的,班次的数量和每个班次(shift)内的员工数量和类别给定。

假设 4.2:航站楼根据航班目的地划分为多个区域,值机人员在工作时间内不能跨区域承担值机活动。

1. 基于期望的两阶段随机模型

本章用 ω 表示随机事件(场景),Ω 表示有限离散随机事件的集合。采用基于场景的(Scenario-based)两阶段建模方法,并用粗体符号表示参数向量。模型中所用到的集合、输入参数和变量定义如下。

集合与输入参数:

I:员工的集合,用索引 i 表示。

J:任务的集合,用索引 j 表示。

L:区域的集合,用索引 l 表示。

T:时间段的集合,用索引 t 表示。

d_j:完成任务 j 所需要的目标人数。

$\underline{d}_j$:完成任务 j 所需完全胜任员工的最少人数。

p^ω:随机场景 ω 的发生概率。

s_j^ω:在场景 ω 下,任务 j 的开始时间。

e_j^ω:在场景 ω 下,任务 j 的结束时间。

l_j:任务 j 所在的区域。

J_l:区域 l 的所有任务,即 $J(l) = \{j \in J : l_j = l\}$。

J_t^ω:在场景 ω 下,时间 t 的所有活动任务,即 $J_t^\omega = \{j \in J : t \in [s_j^\omega, e_j^\omega]\}$。

a_{ij}: $=1$ 如果员工 i 能完全胜任任务 j,否则等于 0。

β_{ij}: $=1$ 如果员工 i 部分胜任任务 j,否则等于 0。

off_{it}: $=1$ 如果员工在时间 t 已经下班,否则等于 0。

T_i:员工 i 的在岗时间的集合,$T_i = \{t \in T : off_{it} = 0\}$。

t_i^0:员工 i 用餐开始的最早时间。

t_i^1:员工 i 用餐开始的最晚时间。

q:休息和用餐之间的最小间隔时间。

H:用餐时长。

w_j^d:执行任务 j 时因为缺乏一名员工的惩罚值。

w_{ij}^β:因为将部分胜任员工 i 安排到任务 j 的惩罚值。

w_{it}^h:因为员工 i 在时间 t 开始用餐休息的惩罚值。

决策变量:

x_{il}: $=1$ 如果员工 i 安排在区域 l,否则等于 0。

y_{ij}^ω: $=1$ 如果员工 i 在场景 ω 下安排给任务 j,否则等于 0。

h_{it}^ω: $=1$ 如果员工 i 在场景 ω 下的午饭开始时间为 t,否则等于 0。

$r_{it}^{k\omega}$:如果员工 i 在场景 ω 下的第 k 个休息间隔为时间 t,否则等于 0。

z_j^ω：在场景 ω 下任务 j 的短缺人数。

根据上述的定义，随机值机人员调度问题的数学模型可以写成：

(M1) $\quad \min f_1 = \sum_{\omega \in \Omega} p^\omega \left(\sum_{j \in J} w_j^d z_j^\omega + \sum_{i \in I} \sum_{j \in J} w_j^\beta \beta_{ij} y_{ij}^\omega + \sum_{i \in I} \sum_{t \in T} w_{it}^h h_{it}^\omega \right)$ (4.1)

s.t.

$$\sum_{l \in L} x_{il} = 1, \quad \forall i \in I \tag{4.2}$$

$$y_{ij}^\omega \leqslant x_{il}, \quad \forall i \in I, j \in J_l, l \in L, \omega \in \Omega \tag{4.3}$$

$$\sum_{i \in I} a_{ij} y_{ij}^\omega \geqslant \underline{d}_j, \quad \forall j \in J, \omega \in \Omega \tag{4.4}$$

$$\sum_{i \in I} (a_{ij} + \beta_{ij}) y_{ij}^\omega + z_j^\omega \geqslant d_j, \quad \forall j \in J, \omega \in \Omega \tag{4.5}$$

$$\sum_{j \in J_t^\omega} y_{ij}^\omega + \sum_{t-H+1 \leqslant t' \leqslant t} h_{it'}^\omega + r_{it}^{1\omega} + r_{it}^{2\omega} \leqslant 1 - off_{it}, \quad \forall i \in I, t \in T, \omega \in \Omega \tag{4.6}$$

$$\sum_{t_i^0 \leqslant t \leqslant t_i^1} h_{it}^\omega = 1, \quad \forall i \in I, \omega \in \Omega \tag{4.7}$$

$$\sum_{t \in T} r_{it}^{k\omega} = 1, \quad k \in \{1, 2\}, \forall i \in I, \omega \in \Omega \tag{4.8}$$

$$\sum_{t' \geqslant t-q} r_{it'}^{1\omega} + \sum_{t' \leqslant t} h_{it'}^\omega \leqslant 1, \quad \forall i \in I, t \geqslant \max\{t_i^0, q+2\}, \omega \in \Omega \tag{4.9}$$

$$\sum_{t' \geqslant t} h_{it'}^\omega + \sum_{t' \leqslant t+q+H} r_{it'}^{2\omega} \leqslant 1, \quad \forall i \in I, t \leqslant \min\{t_i^1, |T|-q-H+1\}, \omega \in \Omega \tag{4.10}$$

$$x_{il}, y_{ij}^\omega, h_{it}^\omega, r_{it}^{k\omega} \in \{0,1\}, \quad \forall i \in I, j \in J, t \in T, \omega \in \Omega \tag{4.11}$$

$$z_j^\omega \geqslant 0, \quad \forall j \in J, \omega \in \Omega \tag{4.12}$$

目标函数(4.1)为最小化加权的员工人数不足成本、指派部分胜任员工值机成本和安排不理想的用餐休息时间成本。约束(4.2)保证每名员工安排在一个区域。约束(4.3)确定了场景 ω 下员工在区域 l 所能分配的任务。约束(4.4)要求场景 ω 下每项任务的英语熟练员工的最低人数需求。约束(4.5)要求场景 ω 下每项任务的目标人数得到满足，并计算每项任务的缺额员工数量。约束(4.6)

保证了场景 ω 下每名工作人员只有在岗时间才分配活动。约束(4.7)确保场景 ω 下每名员工的用餐休息时间在允许的时间范围内。约束(4.8)保证场景 ω 下每名员工都有两个中途的休息时间。约束(4.9)要求场景 ω 下每名员工在用餐休息开始前至少 q 个单位时间前完成第一次休息。约束(4.10)要求场景 ω 下每名员工在用餐休息结束后至少 q 个单位时间后完成第二次休息。约束(4.11)—(4.12)给出了变量的定义域。在本章中,与 Kuo 等(2014)保持一致,将 15 分钟作为一个单位时间。每位员工的上班时长为 9 小时,其中包括用餐休息时间 30 分钟和两次 15 分钟的休息间隔。

2. 风险规避的两阶段随机模型

在本节,简要地介绍 CVaR 的基本概念以及在随机变量分布空间有限的假设下给出 CVaR 的线性规划表达式。首先,针对考虑风险规避的一般两阶段随机规划模型,介绍了均值风险模型的概念。然后,给出 CVaR 的定义和 CVaR 的线性数学表达形式。最后,以带有 CVaR 的值机人员随机调度模型结束本小节。

1) CVaR 的定义

在一般的风险中性(目标函数基于期望)的两阶段随机模型中,样本空间 Ω 被视为一个有限的概率分布 $\Omega = \{\omega^1, \cdots, \omega^{|\Omega|}\}$。然后,常用的基于期望的随机线性规划问题的表达式可以写成

$$\min_{\mathbf{x} \in X} \mathbb{E}_{\omega \in \Omega}[f(\mathbf{x}, \omega)] = \min_{\mathbf{x} \in X} \mathbf{c}^T \mathbf{x} + \mathbb{E}_{\omega \in \Omega}[Q(\mathbf{x}, \omega)] \tag{4.13}$$

其中 $f(\mathbf{x}, \omega) = \mathbf{c}^T \mathbf{x} + Q(\mathbf{x}, \omega)$ 表示第一阶段总的成本函数,$Q(\mathbf{x}, \omega)$ 表示第二阶段的最优值,其表达式如下

$$Q(\mathbf{x}, \omega) = \min_{y(\omega)} \{\mathbf{q}^T(\omega) \mathbf{y}(\omega) : T(\omega)\mathbf{x} + W(\omega)\mathbf{y}(\omega) = \mathbf{h}(\omega), \mathbf{y}(\omega) \geqslant 0\}$$

$$\tag{4.14}$$

在上述问题中,"$\mathbf{x}$"是第一阶段决策变量向量,例如本章中值机人员-区域决策,这是在实际任务开始前一到两天决定的;"$\mathbf{y}(\omega)$"是第二阶段决策变量向量,在本章中为人员-任务的调度决策,它在随机事件 ω 出现之后发生。上式(4.14)仅考虑了基于均值期望的目标函数 $\mathbf{c}^T \mathbf{x}$,没有考虑一旦出现样本空间 Ω 之中极端事件时的风险。风险中性的两阶段随机优化可以扩展到如下式(4.15)所示的风险规避的两阶段随机优化版本:

$$\min_{\mathbf{x} \in X} (1 - \lambda) \mathbb{E}_{\omega \in \Omega}[f(\mathbf{x}, \omega)] + \lambda \text{CVaR}_{\alpha}(\mathbb{E}_{\omega \in \Omega}[f(\mathbf{x}, \omega)]) \tag{4.15}$$

其中 $\lambda \in [0,1)$ 是一个权衡系数,代表平均值和风险之间的汇率,称为风险系数或风险级别。特别地,当 $\lambda = 0$ 时,目标函数(4.15)是风险中性的。对于随机变量 $f(\mathbf{x},\omega)$,CVaR_α 表示给定条件下 $f(\mathbf{x},\omega)$ 的条件风险值置信水平 α。平均风险模型将预期成本 $\mathbb{E}[\cdot]$ 和风险度量函数 $\text{CVaR}_\alpha(\cdot)$ 都最小化。线性化的风险度量 CVaR 的相关定义如下:

定义 4.1: 随机变量 Z 在置信水平 α 下的条件风险值

$$\text{CVaR}_\alpha(Z) = \inf_{\eta \in \mathbb{R}} \left\{ \eta + \frac{1}{1-\alpha} \mathbb{E}[[Z-\eta]_+] \right\} \tag{4.16}$$

其中 $[Z-\eta]_+ := \max\{0, Z-\eta\}, \alpha \in (0,1)$。通过线性化公式(4.16)中的项 $([Z-\eta]_+)$,在置信水平 α 下随机变量 Z 的条件风险值可以改写为:

$$\text{CVaR}_\alpha(Z) = \inf_{\eta \in \mathbb{R}} \left\{ \eta + \frac{1}{1-\alpha} \mathbb{E}_\omega[u^\omega] \right\} \tag{4.17}$$

$$= \min \left\{ \eta + \frac{1}{1-\alpha} \sum_{\omega \in \Omega} p^\omega u^\omega \right\} \tag{4.18}$$

s.t.

$$z^\omega - \eta \leqslant u^\omega, \quad \forall \omega \in \Omega \tag{4.19}$$

$$0 \leqslant u^\omega, \forall \omega \in \Omega \tag{4.20}$$

$$\eta \in \mathbb{R} \tag{4.21}$$

2) 基于 CVaR 的模型表达式

给定风险衡量的定义后,可以得到基于风险衡量的随机模型的数学表达式。该模型建立在模型 M1 和公式(4.15),(4.17)—(4.21)的基础之上。其数学表达式 M2 如下所示:

$$(M2) \quad \min f_2 = (1-\lambda)f_1 + \lambda \left(\eta + \frac{1}{1-\alpha} \sum_{\omega \in \Omega} p^\omega u^\omega \right) \tag{4.22}$$

s.t. 约束(4.2)—(4.12)

$$\left(\sum_{j \in J} w_j^d z_j^\omega + \sum_{i \in I} \sum_{j \in J} w_j^\beta \beta_{ij} y_{ij}^\omega + \sum_{i \in I} \sum_{t \in T} w_{it}^h h_{it}^\omega \right) - \eta \leqslant u^\omega, \quad \forall \omega \in \Omega \tag{4.23}$$

$$0 \leqslant u^\omega, \forall \omega \in \Omega \tag{4.24}$$

$$\eta \in \mathbb{R} \tag{4.25}$$

（三）求解算法

由于随机问题的求解复杂度高，随着模型考虑的场景数的增加，随机问题的求解难度呈指数增长的形式增加。针对随机问题的特点，现有文献提出了一些基于场景分解的启发式算法，其中逐步对冲算法（PHA）就是应用广泛的一类分解算法（Watson J P等，2016）。因此，本节采用了逐步对冲算法作为主要的求解算法。PHA是一种迭代算法，算法每次迭代过程中，分别求解每个场景下的子问题；然后聚合所有子问题下的最优解，根据解的偏离度和上一次迭代过程的算法目标系数，更新下一次迭代时的算法目标系数；如此循环，直到所有场景下的解都相同或者达到最大迭代次数时，算法终止。为了分析 PHA 的求解效果，本节采用样本均值近似（SAA）方法计算的下界值作为比较基准，通过比较 PHA 和 SAA 的差距衡量算法的有效性。

1. 样本均值近似算法

根据第三章中采用的样本近似方法，通过从随机总体中抽取 $N(N \ll |\Omega|)$ 个随机样本来估计目标函数的上下界区间。本章随机值机人员调度模型的样本近似模型如 M3 所示。

$$(M3) \quad \min f_3 = \frac{1-\lambda}{N} \sum_{n=1}^{N} \left(\sum_{j \in J} w_j^d z_j^n + \sum_{i \in I} \sum_{j \in J} w_{ij}^\beta \beta_{ij} y_{ij}^n + \sum_{i \in I} \sum_{t \in T} w_{it}^h h_{it}^n \right) + \frac{\lambda}{N} \left(\eta + \frac{1}{1-\alpha} \sum_{n=1}^{N} u^n \right) \quad (4.26)$$

s.t.

约束(4.2)—(4.12),(4.23)—(4.25)

按照第三章中的**算法 1** 中的 Step1、Step2 求出样本均值近似模型 M2 的目标值。

2. 逐步对冲算法

本小节给出一般的两阶段随机规划问题的逐步对冲算法的一般表达式。一般随机模型的等价确定表达形式如式(4.27)—式(4.31)所示。

$$\min c^T x + \sum_{\omega \in \Omega} p^\omega g(\omega)^T y(\omega) \quad (4.27)$$

s.t.
$$Ax \geq b \quad (4.28)$$

$$T(\omega)x + W(\omega)y(\omega) \geq r(\omega), \quad \forall \omega \in \Omega \quad (4.29)$$

$$x \in \mathbb{Z}_+^{p_1} \times \mathbb{R}^{n_1-p_1} \tag{4.30}$$

$$y \in \mathbb{Z}_+^{p_2} \times \mathbb{R}^{n_2-p_2}, \quad \forall \omega \in \Omega \tag{4.31}$$

x 和 y 分别表示第一阶段和第二阶段决策变量，$A,b,T(\omega),W(\omega),r(\omega)$ 为模型参数。在本章问题中，随机事件 ω 为不确定的任务开始时间。x 为人员区域的指派变量 x_{it}，y 包括第二阶段的决策变量 y_{ij},h_{it},r_{it}^k 和 z_j。在本章中，目标函数的系数 $g(\omega)$ 为常数，包括 w_j^d,w_j^β 和 w_{it}^h。$X(\omega)$ 表示决策变量的取值空间。

第一阶段决策变量 x 不依赖于某个特定场景 ω 的已知值由式(4.27)—(4.31)隐式表示。将第一阶段变量这一特点通过约束显示表达出来的模型如式(4.32)—式(4.37)所示：

$$\min \sum_{\omega \in \Omega} p^\omega [c^T x(\omega) + g(\omega)^T y(\omega)] \tag{4.32}$$

$$\text{s.t.} \quad Ax \geqslant b \tag{4.33}$$

$$T(\omega)x + W(\omega)y(\omega) \geqslant r(\omega), \quad \forall \omega \in \Omega \tag{4.34}$$

$$p^\omega x(\omega) - p^\omega \hat{x} = 0, \quad \forall \omega \in \Omega \tag{4.35}$$

$$x, \hat{x} \in \mathbb{Z}_+^{p_1} \times \mathbb{R}^{n_1-p_1} \tag{4.36}$$

$$y \in \mathbb{Z}_+^{p_2} \times \mathbb{R}^{n_2-p_2}, \quad \forall \omega \in \Omega \tag{4.37}$$

对于每个 $\omega \in \Omega$，令 $X(\omega)$ 表示决策变量的定义域。

$$X(\omega) := \{x \in \mathbb{Z}_+^{p_1} \times \mathbb{R}^{n_1-p_1}, y \in \mathbb{Z}_+^{p_2} \times \mathbb{R}^{n_2-p_2}:$$
$$Ax \geqslant b, T(\omega)x + W(\omega)y \geqslant r(\omega)\}$$

逐步对冲算法的伪代码如**算法 3** 所示。PHA 首先通过求解单个场景的子问题初始化(Step 1)；算法的每次迭代将所有场景下的解聚合(Step 3)；对偶价数 $w^v(\omega)$ 每次迭代更新(Step 4)，惩罚系数 ρ 是算法的一个外部输入参数，其取值的大小影响算法收敛效果。PHA 的分解步骤(Step 5)求解目标函数被对偶价数和聚合解的偏离扰动的单个场景子问题；另外在分解阶段，可以设置每次求解的子问题的最小单位，在基本的 PHA 中最小单位场景数量是 1，在更一般的情况下最小单位场景数量的取值可以根据问题规模选择大于 1 的值。算法的最后步骤根据解是否收敛到给定误差范围内，或超过设定的最大迭代次数终止算法。

算法 3：逐步对冲算法（Progresive Hedging Algorithm, PHA）

输入：数学模型参数,惩罚系数 ρ,最大迭代次数 v_{max},ϵ
输出：人员指派决策 x、PH 下界值、迭代次数
Step 1 初始化：让 $v \leftarrow 0, w^v(\omega) \leftarrow 0, \forall \omega \in \Omega$。对于每个 $\omega \in \Omega$，计算
$$(x^{v+1}(\omega), y^{v+1}(\omega)) \leftarrow \operatorname{argmin}_{(xy) \in X(\omega)} c^T x + g^T y;$$
Step 2 迭代更新：$v \leftarrow v+1$;
Step 3 聚合：$\hat{x}^v \leftarrow \sum_{\omega \in \Omega} p^\omega x^v(\omega)$;
Step 4 价数更新：$w^v(\omega) \leftarrow w^{v-1}(\omega) + \rho(x^v(\omega) - \hat{x}^v)$;
Step 5 分解：对每个 $\omega \in \Omega$ 计算
$$(x^{v+1}(\omega), y^{v+1}(\omega)) \leftarrow \operatorname{argmin}_{(x,y) \in X(\omega)} \{c^T x + g^T y + w^v(\omega)^T x + \frac{\rho}{2} \| x - \hat{x}^v \|^2\};$$
Step 6 终止条件：如果 $\sum_{\omega \in \Omega} p^\omega \| x^v(\omega) - \hat{x}^v \| \leqslant \epsilon$ 或者达到最大迭代次数 v_{max},算法终止;否则,跳转到 **Step 2**。

根据 Gade 等(2016)的研究,采用 PHA 的模型目标函数的下界值可以在算法的每次迭代结束后计算。令 z^* 表示如式(4.32)—式(4.37)定义的两阶段随机混合整数规划的最优目标函数值。假设随机混合整数规划(4.32)—(4.37)有可行解,最优值 $-\infty < z^* < +\infty$ 且 $X(\omega) \neq \varnothing, \forall \omega \in \Omega$。接下来的结果表明对偶价数 $w(\omega), \omega \in \Omega$ 定义了一个关于 z^* 的隐式下界。

性质 4.1：令 $LB_\omega(w(\omega))$ 表示在场景 ω 下由对偶价数 $w(\omega)$ 确定的目标函数下界值,对所有的 $\omega \in \Omega$ 有 $w(\omega) \in \mathbb{R}^{n_1}$ 满足 $\sum_{\omega \in \Omega} p^\omega w(\omega) = 0$,让

$$LB_\omega(w(\omega)) := \min_{(x,y) \in X(\omega)} (c^T x + g^T y + w(\omega)^T x) \tag{4.38}$$

则目标函数值得期望下界值 $LB(w) := \sum_{\omega \in \Omega} p^\omega LB_\omega(w(\omega)) \leqslant z^*$

证明：令 $(\hat{x}^*, \{(x^*(\omega)), (y^*(\omega)), \forall \omega \in \Omega\})$ 表示如式(4.32)—(4.37)定义的随机混合整数规划模型的最优解。对每个 $\omega \in \Omega, (x^*(\omega), y^*(\omega)) \in X(\omega)$ 是可行解。所以有:

$$LB_\omega(w(\omega)) \leqslant c^T x^*(\omega) + g^T y^*(\omega) + w^v(\omega)^T x^*(\omega)$$

因此目标函数的期望值下界 $LB(w)$ 存在如下的关系

$$LB(w) \leqslant \sum_{\omega \in \Omega} p^\omega (c^T x^*(\omega) + g^T y^*(\omega) + w(\omega)^T x^*(\omega))$$

因为约束 $p^\omega x(\omega) - p^\omega \hat{x} = 0$，所以 $\hat{x}^* = x^*(\omega)$，则

$$\sum_{\omega \in \Omega} p^\omega (c^T x^*(\omega) + g^T y^*(\omega) + w(\omega)^T x^*(\omega))$$

$$= \sum_{\omega \in \Omega} p^\omega (c^T \hat{x}^* + g^T y^*(\omega)) + \sum_{\omega \in \Omega} p^\omega w(\omega)^T \hat{x}^*$$

又因为 $\sum_{\omega \in \Omega} p^\omega w(\omega) = 0$ 对于所有的 $w(\omega)_{\omega \in \Omega} \in \mathbb{R}^{n_1}$ 成立，所以 $\sum_{\omega \in \Omega} p^\omega w(\omega)^T \hat{x}^* = 0$，则有

$$LB(w) \leqslant \sum_{\omega \in \Omega} p^\omega (c^T \hat{x}^* + g^T y^*(\omega)) = z^*$$

证毕。

在带有 CVaR 的模型中，变量 η 等价为第一阶段变量，变量 u^ω 为第二阶段变量。所以，带有风险衡量的 PHA 的算法步骤如**算法 4** 所示。

算法 4：带有风险衡量的逐步对冲算法

输入：数学模型参数，惩罚系数 ρ，最大迭代次数 v_{max}
输出：人员指派决策 x、PH 下界值、迭代次数
Step1 初始化：让 $v \leftarrow 0, w^v(\omega) \leftarrow 0, m^v(\omega) \leftarrow 0, \forall \omega \in \Omega$。对于每个 $\omega \in \Omega$，计算 $(x^{v+1}(\omega), \eta^{v+1}(\omega), y^{v+1}(\omega), u^{v+1}(\omega)) \leftarrow \arg\min_{(x,\eta,y,u) \in X(\omega)} c^T x + \lambda \eta + (1-\lambda) g^T y + \lambda \frac{1}{1-\alpha} u$；
Step 2 迭代更新：$v \leftarrow v + 1$；
Step 3 聚合：$\hat{x}^v \leftarrow \sum_{\omega \in \Omega} p^\omega x^v(\omega), \hat{\eta}^v \leftarrow \sum_{\omega \in \Omega} p^\omega \eta^v(\omega)$；
Step 4 价数更新：

$$w^v(\omega) \leftarrow w^{v-1}(\omega) + \rho(x^v(\omega) - \hat{x}^v)$$

$$m^v(\omega) \leftarrow m^{v-1}(\omega) + \rho(\eta^v(\omega) - \hat{\eta}^v)$$

Step 5 分解：对每个 $\omega \in \Omega$ 计算 $(x^{v+1}(\omega), \eta^{v+1}(\omega), y^{v+1}(\omega), u^{v+1}(\omega)) \leftarrow \arg\min_{(x,\eta,y,u) \in X(\omega)} \{c^T x + \lambda \eta + (1-\lambda) g^T y + \lambda \frac{1}{1-\alpha} u + w^v(\omega)^T x + m^v(\omega) \eta + \frac{\rho}{2} \| x - \hat{x}^v \|^2 + \frac{\rho}{2} | \eta - \hat{\eta}^v |^2\}$；
Step 6 终止条件：如果 $\sum_{\omega \in \Omega} p^\omega \| x^v(\omega) - \hat{x}^v \| \leqslant \epsilon$ 或者达到最大迭代次数 v_{max}，算法终止；否则，跳转到 **Step 2**。

需要注意的是 PHA 作为一种启发式的算法，在连续变量的情况下其输出的解为近似最优解。当决策变量含有整数变量时，且算法在给定的收敛误差内

终止迭代时，PHA 获得的原始解是松弛的。为了获得可行的整数解，需要采取一些启发式的方法调整原始解使其满足整数约束条件。本章**算法 5** 给出了一种调整 PHA 输出的原始解的启发式方法。

（四）数值实验

本节首先确定了模型目标参数和设计的算例，为了说明 PHA 的计算效果，将 SAA 方法获得的计算结果与 PHA 结果进行对比，分析两种方法的适用性和计算效果。另外，由于风险规避的目标函数的风险系数 λ 和 CVaR 中的置信度 α 是两个控制参数，本节最后对考虑风险衡量 CVaR 的风险参数 λ 和置信度 α 进行了灵敏性分析。本章采用的版本为 12.8 的商业求解器 CPLEX 作为求解器，数学模型通过 MATLAB2018b 编码实现，在 4.0 GHz 32 RAM 的 HUWEI PC 上运行。考虑到问题的复杂度，为了在合理时间内获得一个可行解，设置求解器的单次调用时间限制为 4 800 秒。

算法 5：PHA 输出的解的启发式调整

输入：PHA 输出的原始解 x_{raw}
输出：整数解 $x_{feasible}$

1　$workload_l \leftarrow$ 区域 l 处的所有航班任务数量，$l \in L$;
2　$assigned_l \leftarrow$ 区域 l 已经分配的员工数量，$l \in L$;
3　$unassign \leftarrow$ 未分配区域的员工集合；
4　**while** $|unassign| > 0$ **do**
5　　$l_{assign} \leftarrow$ 任务数量 $workload_l$, $l \in L$ 最多的区域；
6　　**if** $assigned_{l_{assign}} \leqslant$ 根据任务数量比例分配的人数 **then**
7　　　$i_{assign} \leftarrow$ 来自集合 $unassign$ 中的一名员工（资质优先）；
8　　　$x_{raw}(i_{assign}, l_{assign}) \leftarrow 1$;
9　　　$assigned_{l_{assign}} \leftarrow assigned_{l_{assign}} + 1$;
10　　　$unassign = unassign \setminus \{i_{assign}\}$;
11　　**else**
12　　　$workload_{l_{assign}} = 0$;
13　　**end**
14　**end**
15　**end**
16　$x_{feasible} \leftarrow x_{raw}$;

PHA 的收敛效果受到惩罚系数 ρ 的影响，在开始正式的数值实验之间，对参数 $\rho \in \{1, 5, 10, 20, 50, 100, 200, 500\}$ 进行了预实验，根据预实验的最优

结果选择 $\rho=20$ 作为最优参数。

1. 数据描述

与 Kuo 等(2014)的描述保持一致,表 1-12 给出了模型优化目标的成本惩罚值 $w_j^d, w_j^\beta, w_{it}^h$、用餐开始的时间范围 t_i^0, t_i^1 和时长 H、休息和用餐之间的最小间隔时间 q。其中,$\underline{T_i}$ 和 $\overline{T_i}$ 分别表示员工 i 的班次开始时间和结束时间。$L_i = \underline{T_i} + \dfrac{\overline{T_i} - \underline{T_i}}{2}$ 表示员工 i 班次的中间时刻。每项值机任务至少需要 1 名能够完全胜任的员工参与,普通航班的标准值机人数为 3 人,大型航班的标准值机人数为 4 人。航班的任务数量为 48 架次,员工总数为 60 人,航站楼的区域划分数为 4 个。

表 1-12　目标函数系数和用餐/休息系数

w_j^d	w_j^β	w_{it}^h	t_i^0	t_i^1	H	q
1 000	100	$\dfrac{(L_i-t)^2}{100}$	$\underline{T_i} + \left(\dfrac{\overline{T_i}-\underline{T_i}}{3}\right)$	$\underline{T_i} + \dfrac{2(\overline{T_i}-\underline{T_i})}{3}$	2	1

在值机人员调度问题中,人员调度问题模型的规模受到调度计划时长的影响,调度计划期越长,模型的复杂度越高;其次,航班任务开始时间的不确定程度是影响调度计划的重要因素,不同延误水平下的调度表不相同;最后,值机人员的构成是决定调度成本的重要因素,因为每项值机任务对完全胜任任务的员工数量有最低要求。所以本节的实验算例需要分析上述因素的组合情况。

(1) 调度计划时长。

ST1:仅考虑一个班次时间内(9 小时)的人员分配和任务调度,调度的时间长度 $|T|=36$。

ST2:考虑三个班次(20 个小时)人员分配和任务调度,班次的时间为 {06:15,12:00,17:30},调度的时间长度 $|T|=80$。

(2) 航班延误时间:因为航班一旦延误时间过长,该航班将会被取消,延误时间存在上限,因此本章假设航班延误时间服从固定区间的均匀分布较为合理。

FT1:假设航班的延误时间服从区间[1,2]的均匀分布,延误程度轻。

FT2:假设航班的延误时间服从区间[1,6]的均匀分布,延误程度严重水平。

(3) 员工技能因素。

SO1:只有 50% 的员工能完全胜任值机工作,剩余的员工属于部分胜任。

SO2：只有70％的员工能完全胜任值机工作，剩余的员工属于部分胜任。

通过考虑上述影响因素，一共可以设计8个算例开展数值实验。本章研究内容主要研究人员-区域的安排和给定班次内的人员-任务调度，在多班次情况（ST2）下，本章采取人员均衡分配的方法为每个班次分派员工数量，即为每个班次分配相等的人数。调度时长为ST2的问题规模要远大于ST1的问题规模。

2. 算法效果分析

本小节通过与SAA方法比较衡量PHA算法的效果。本小节的所有算例取$\lambda=0.5, \alpha=0.9$，考虑合理求解时间的限制，本章的场景数量大小设置为$|\Omega|\in\{5,10,20,30\}$。风险衡量中的参数$\lambda,\alpha$的敏感性分析在后面一小节讨论，PHA的最大迭代次数设置为10。表1-13给出了不同场景大小下的计算结果，表中左侧给出了带有风险衡量的模型M2的加权目标函数结果，右侧记录了不同算例在不同的场景大小下的计算精度值，符号"—"表示没有在给定的时间内获得结果。表1-14列出了SAA方法下的员工成本和PHA获得的员工成本下界值。表1-15给出了调度时长为ST1下的SAA员工成本和PHA计算得到的员工成本的下界值之间的偏差比，其计算公式为$\dfrac{cost_{SAA}-cost_{PHA}}{cost_{SAA}}$。表1-15记录了SAA方法和PHA求解的计算时间。

表1-13 不同场景大小$|\Omega|$下SAA的目标函数值和最优gap值

算例	目标函数值				最优gap值			
	$|\Omega|=5$	$|\Omega|=10$	$|\Omega|=20$	$|\Omega|=30$	$|\Omega|=5$	$|\Omega|=10$	$|\Omega|=20$	$|\Omega|=30$
ST1×FT1×SO1	5 634	4 370	5 677	5 668	0.000	0.000	0.000	0.000
ST1×FT1×SO2	4 834	3 570	4 734	4 843	0.000	0.000	0.000	0.000
ST1×FT2×SO1	6 368	8 922	6 069	6 636	0.048	0.000	0.000	0.048
ST1×FT2×SO2	5 348	8 167	5 108	5 904	0.022	0.017	0.017	0.016
ST2×FT1×SO1	21 754	24 108	—	—	0.011	0.488	—	—
ST2×FT1×SO2	18 648	31 822	—	—	0.000	0.650	—	—
ST2×FT2×SO1	21 284	995 973	—	—	0.005	0.984	—	—
ST2×FT2×SO2	18 748	993 718	—	—	0.029	0.987	—	—

"—"表示无可行解

从表1-13可以发现：① 在其他变量相同的情况下，员工完全胜任值机任务的比率越高，加权的员工成本和风险值越低。如在$|\Omega|$相同下，"ST1×FT1×

SO1"下的所有目标函数值都比"ST1×FT1×SO2"要小。另外,表 1-14 的左侧结果同样也印证了胜任值机任务的员工比率越大总的员工成本越小的结论。② 在其他变量相同下,航班任务开始时间的波动性越高(如 FT2),加权的员工成本和风险值越大。如对比算例"ST1×FT1×SO2"和"ST1×FT2×SO2",在 $|\Omega|=5$ 时,FT2 的加权总成本为 5 348,FT1 的加权总成本为 4 834。③ 在 ST1 的所有算例中(9 个小时的调度计划期,航班任务数量和人员调度数量为 ST2 的三分之一),SAA 可以求解场景数量 $|\Omega| \leqslant 30$ 的问题规模,且解的 gap 值都在 0.05 以内。④ 在 ST2 的算例中,SAA 方法难以求解场景数超过 10 以上的问题规模。如表 1-14 右侧的 gap 值可知,当 $|\Omega|=10$ 时,gap 值最小为 0.488,最大为 0.984。另外,当 $|\Omega| \geqslant 20$ 时则计算机内存不足。这说明 SAA 方法在求解大规模问题(20 个小时的调度计划期)表现不佳。

表 1-14 不同场景大小 $|\Omega|$ 下 SAA 和 PHA 的员工成本比较

算例	员工成本(SAA)				员工成本(PHA)			
	$|\Omega|=5$	$|\Omega|=10$	$|\Omega|=20$	$|\Omega|=30$	$|\Omega|=5$	$|\Omega|=10$	$|\Omega|=20$	$|\Omega|=30$
ST1×FT1×SO1	4 478	3 930	4 423	4 602	4 372	3 795	4 218	3 917
ST1×FT1×SO2	3 678	3 130	3 438	3 777	3 601	3 004	3 105	3 401
ST1×FT2×SO1	5 346	6 974	5 927	6 101	4 971	6 791	4 504	5 490
ST1×FT2×SO2	4 306	6 164	4 956	5 388	4 164	5 964	3 629	4 894
ST2×FT1×SO1	20 478	21 946	—	—	18 914	16 231	17 461	15 684
ST2×FT1×SO2	17 346	25 308	—	—	14 661	12 556	13 912	14 570
ST2×FT2×SO1	20 358	189 860	—	—	18 872	24 705	18 237	23 543
ST2×FT2×SO2	17 886	180 676	—	—	16 360	20 127	15 254	19 912

"—"表示无可行解

表 1-14 对比了 SAA 输出的员工成本值和 PHA 获得的员工成本下界值。根据表 1-14 左侧的 SAA 结果也可以发现员工胜任任务的比例和任务开始时间不确定程度对调度成本的影响。另外,对比 SAA 的结果,可以发现 PHA 计算得到的下界值都小于 SAA 的精确值。表 1-15 给出了启发式算法 PHA 的下界值与 SAA 精确值的差距,结合表 1-14 和表 1-15 的结果可以发现,在小规模的问题中,启发式算法 PHA 的下界值与 SAA 的精确值十分接近,其最大差距出现在场景数 $|\Omega|=30$ 时的算例"ST1×FT1×SO1",其值为 0.149,最小差

距出现在场景数 $|\Omega|=5$ 时的算例"ST1×FT1×SO2",其值为 0.021。这些结果表明,启发式的 PHA 在计算结果是有效的。

表 1-15 小规模问题下 SAA 与 PHA 员工成本值的偏差比

算例	偏差比			
	$\|\Omega\|=5$	$\|\Omega\|=10$	$\|\Omega\|=20$	$\|\Omega\|=30$
ST1×FT1×SO1	0.024	0.034	0.046	0.149
ST1×FT1×SO2	0.021	0.040	0.097	0.100
ST1×FT2×SO1	0.070	0.026	0.240	0.100
ST1×FT2×SO2	0.033	0.032	0.268	0.092

除了说明启发式的 PHA 的计算结果的精确度之外,还需要比较 SAA 方法和 PHA 之间的计算时间。两种方法计算时间的消耗如表 1-16 所示,从表 1-16 中可以看出:① 在小规模问题中(如第 2—5 行),精确方法 SAA 的计算用时小于 PHA,SAA 的计算时间随着场景数量的增加非线性的递增,PHA 的计算时间与场景数量的关系为线性关系。随着场景数量的增大,PHA 与 SAA 的耗时之比在递减。PHA 算法的用时大于 SAA 的原因在于其持续的迭代过程,每次迭代需要对所有的场景分解计算,因此在小规模的问题下,PHA 算法的优势不明显。② 在大规模问题中(如第 6—9 行),PHA 可以求解场景数大于 10 的问题规模。在 ST2 的算例中,SAA 方法在场景数大于 10 的例子中,计算过程中计算机的内存不足。然而,PHA 通过分解和迭代能够通过每次求解单个数量的场景实现了大规模问题求解的可行性。另外,启发式的 PHA 的用时是随着场景数线性增加的,这保证了只要单个场景的问题可解,那么可以在多项式的时间内获得考虑大场景数问题的解。

表 1-16 SAA 和 PHA 的计算耗时比较(单位:秒)

算例	计算耗时(SAA)				计算耗时(PHA)			
	$\|\Omega\|=5$	$\|\Omega\|=10$	$\|\Omega\|=20$	$\|\Omega\|=30$	$\|\Omega\|=5$	$\|\Omega\|=10$	$\|\Omega\|=20$	$\|\Omega\|=30$
ST1×FT1×SO1	23.76	62.47	186.91	640.02	203.05	344.79	781.15	1 232.16
ST1×FT1×SO2	22.28	63.08	191.54	649.29	103.03	342.32	896.46	1 371.75
ST1×FT2×SO1	23.29	65.17	193.99	653.48	111.70	343.30	796.52	1 329.15

续表

算 例	计算耗时(SAA)				计算耗时(PHA)			
	$\|\Omega\|=5$	$\|\Omega\|=10$	$\|\Omega\|=20$	$\|\Omega\|=30$	$\|\Omega\|=5$	$\|\Omega\|=10$	$\|\Omega\|=20$	$\|\Omega\|=30$
ST1×FT2×SO2	23.30	64.25	194.25	681.08	111.37	341.77	875.42	1 278.34
ST2×FT1×SO1	561.21	2 123.72	>4 800	>4 800	1 257.59	2 680.86	5 590.75	7 661.16
ST2×FT1×SO2	562.95	2 138.18	>4 800	>4 800	1 257.05	2 712.64	5 744.04	7 320.80
ST2×FT2×SO1	566.98	2 139.11	>4 800	>4 800	1 209.03	2 447.88	5 467.53	7 495.60
ST2×FT2×SO2	568.12	2 494.32	>4 800	>4 800	1 273.81	2 556.04	5 704.52	7 400.57

3. CVaR 敏感性分析

在本章问题模型的均值-风险目标函数中,风险参数 λ 反映了风险规避的态度,λ 越大模型越强调风险。另外,CVaR 中的参数 α 是决定 CVaR 大小的一个要素。为了探究两个参数对模型结果的影响,本小节对模型目标函数中风险参数 λ(目标权重系数)和置信度 α 进行灵敏性分析。本小节的算例基于"ST1×FT1×SO1",取场景数 $|\Omega|=20$。表 1-17 列出了 λ 属于区间 $[0.1, 0.9]$ 和置信度 $\alpha \in \{0.5, 0.7, 0.9\}$ 的加权员工成本和风险的目标函数值。

表 1-17 CVaR 风险系数 λ 和置信度 α 对结果的影响

	目标函数值								
	$\lambda=0.1$	$\lambda=0.2$	$\lambda=0.3$	$\lambda=0.4$	$\lambda=0.5$	$\lambda=0.6$	$\lambda=0.7$	$\lambda=0.8$	$\lambda=0.9$
$\alpha=0.5$	4 794	4 982	5 170	5 359	5 547	5 735	5 923	6 112	6 300
$\alpha=0.7$	4 796	4 986	5 176	5 366	5 556	5 747	5 937	6 127	6 317
$\alpha=0.9$	4 799	4 992	5 185	5 378	5 571	5 764	5 957	6 150	6 343

从表 1-17 可以看出:① 目标函数值随着风险系数 λ 的增大而增大,并且目标函数值与风险系数 λ 的变化呈现线性关系。风险系数 λ 越大,表示模型更加强调人员决策在所有可能的场景集合中最坏的一部分场景的表现,因此决策主体越是风险规避型,λ 越大,人员决策越保守。② 目标函数值随着置信度 α 的增加而增加,这与 CVaR 的风险定义相同。但是相比风险系数 λ,置信度 α 对目标函数值的影响非常小。存在这种现象的原因与本章的目标函数有关,首先,随机的值机人员的第一阶段的指派成本为 0;其次,第二阶段员工成本基于员工人

数的不足和匹配度,不同场景下的第二阶段目标值差距不大。

(五)案例研究

本节展示模型和算法的结果如何应用于实际问题。

1. 案例数据

虹桥机场 2 号航站楼于 2010 年 3 月 16 日投入使用。2 号航站楼位于 1 号航站楼西侧,总面积 36.26 万平方米,主要为国内航班提供服务。2 号航站楼考虑到主要面向国内航班,采用了成熟的前列式航站楼布局,旅客从值机到步行至登机廊桥的距离不超过 300 米。航站楼共设置 43 座登机廊桥,提供 80 个值机柜台与 47 条安检通道。其中 3F 为出发层,包含 A－H 值机区域。本章以中国东方航空公司某日的航班数据和值机区域信息为输入,实际的航班信息如表 1－18 所示。航班任务的时间范围为 07:40～21:15,航班数量为 38 架次。每架航班根据机型的不同需要的值机人员数量为 2～3 人,其中至少需要 1 名英语熟练的员工。根据表 1－18 的数据,航班实际出发时间的偏离为 0～20 分钟,因此,设置 10 分钟为最小的时间单位,任务开始时间的不确定性在时间单位区间[1,2]内波动。任务的调度期开始时间为 07:00,结束时间为 22:00,时间期长度为 90。时间 07:00 用 1 表示,07:15 为 2,……,22:00 为 90。人员的班次为两班,第一班时间为 07:00～15:00,第二班为 14:00～22:00。

表 1－18　上海虹桥机场中国东方航空某日离港航班信息

计划离港	航班号	值机区域	状　态	计划离港	航班号	值机区域	状　态
07:40	MU5395	B	实际出发 07:41	10:15	MU5691	B	实际出发 10:09
08:00	MU5401	C	实际出发 07:57	11:30	MU5305	C	实际出发 11:29
09:00	MU5103	C	实际出发 09:04	11:50	MU2409	B	实际出发 11:54
09:00	MU5633	B	实际出发 09:08	12:40	MU5647	B	实际出发 12:50
09:00	MU5333	C	实际出发 09:01	12:45	MU5375	B	实际出发 12:54
09:05	MU5529	B	实际出发 09:16	13:00	MU5111	C	实际出发 13:00
09:15	MU2152	B	实际出发 09:29	13:10	MU2549	B	实际出发 13:19
09:25	MU7584	B	实际出发 09:33	13:20	MU2156	B	实际出发 13:24
10:00	MU9977	B	实际出发 10:06	13:40	MU2403	B	实际出发 13:57
10:15	MU5337	C	实际出发 10:17	13:55	MU5271	B	实际出发 13:56

续表

计划离港	航班号	值机区域	状态	计划离港	航班号	值机区域	状态
14:25	MU2158	B	实际出发 14:25	17:35	MU5549	B	实际出发 17:31
14:30	MU5307	C	实际出发 14:35	18:00	MU2128	B	实际出发 17:56
15:00	MU5115	C	实际出发 15:03	18:10	MU2166	B	实际出发 18:12
15:30	MU5559	B	实际出发 15:31	19:30	MU5413	C	实际出发 19:26
15:55	MU5543	B	实际出发 16:07	19:35	MU2168	B	实际出发 19:28
16:00	MU5349	C	实际出发 16:01	20:15	MU5415	C	实际出发 20:09
16:05	MU2354	B	实际出发 15:56	20:20	MU2170	B	实际出发 20:21
16:50	MU5445	B	实际出发 17:00	20:25	MU2407	B	实际出发 20:19
17:15	MU2994	B	实际出发 17:16	21:15	MU9969	B	实际出发 21:31

在实例分析之前，需要确定值机人员的数据。由于人员计划为航空公司内部信息，因为需要保密，无法获得真实的人员计划信息。因此，本节根据航班的数量和任务密度自行设计了满足值机任务要求的人员构成。人员数据的生成具体为，首先，最低的人员数量要能覆盖所有的航班，图 1-15 展示了离散时间的任务数量，同时刻的最大任务数量为 6，因此班次内的人员数下界为 12 人，上界

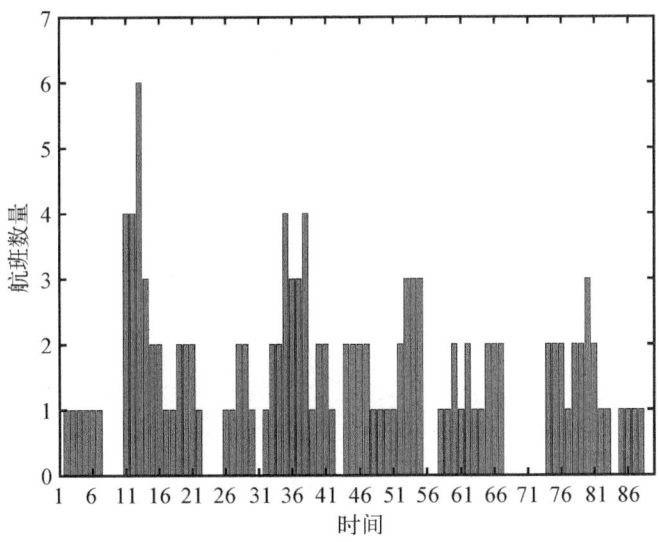

图 1-15 离散时间下的航班任务数量分布

为 18 人;班次内英语熟练人员数量不少于 6 人。实际的测试结果显示,在英语熟练员工占比为 50%时,每个班次 16 人即可满足要求。所以此处确定值机人员数量为 32 人,分两个班次,每个班次 16 人,其中英语熟练的人员占一半。员工编号为♯1,♯2,⋯,♯32,其中♯1-♯16 为英语熟练的员工。因为图 1-15 的任务分布均匀,所以两个班次的人员数量相同。设置 $|\Omega|=20, \lambda=0$,采用 PHA 求解。

2. 计算结果与分析

最终的人员-区域指派结果展示在表 1-19 中,表 1-20 和表 1-21 分别给出了某个随机场景下的人员-任务调度和人员两次休息时间的分配结果。该随机场景下,班次 1 的人员用餐时间为 23 分钟,转化成具体时间为上午 10:50;班次 2 的人员用餐时间为 68 分钟,也就是下午 18:20。

表 1-19 人员-区域分配结果

	区域 B	区域 C
值机人员	♯1;♯2;♯5;♯6;♯7;♯11;♯12;♯13;♯14;♯15;♯17;♯20;♯21;♯22;♯23;♯29	♯3;♯4;♯8;♯9;♯10;♯16;♯18;♯19;♯24;♯25;♯26;♯27;♯28;♯30;♯31;♯32

表 1-20 某个随机场景下的人员调度结果

航班号	值机区域	值机人员	航班号	值机区域	值机人员
MU5395	B	♯1,♯2,♯5,♯6,♯7	MU5271	B	♯6;♯7
MU5401	C	♯3,♯4,♯8	MU2158	B	♯1;♯2;♯14
MU5103	C	♯4,♯18,♯24	MU5307	C	♯8;♯16
MU5633	B	♯2,♯21	MU5115	C	♯10;♯16
MU5333	C	♯3,♯8	MU5559	B	♯11;♯14
MU5529	B	♯7,♯23	MU5543	B	♯13;♯15
MU2152	B	♯1,♯6	MU5349	C	♯9;♯10;♯16
MU7584	B	♯5;♯17;♯20	MU2354	B	♯12;♯14
MU9977	B	♯1;♯2;♯6;♯7	MU5445	B	♯11;♯12;♯15
MU5337	C	♯3;♯4	MU2994	B	♯13;♯14
MU5691	B	♯1;♯6;♯7	MU5549	B	♯11;♯12;♯15

续表

航班号	值机区域	值机人员	航班号	值机区域	值机人员
MU5305	C	#3;#4;#8	MU2128	B	#11;#13;#14
MU2409	B	#2;#5	MU2166	B	#12;#15
MU5647	B	#2;#5;#20	MU5413	C	#9;#10;#16
MU5375	B	#1;#7	MU2168	B	#11;#12
MU5111	C	#3;#4;#8	MU5415	C	#9;#10;#16
MU2549	B	#6;#17;#23	MU2170	B	#12;#14
MU2156	B	#7;#21	MU2407	B	#11;#13;#15
MU2403	B	#1;#2;#5	MU9969	B	#11;#12;#13;#14;#15

表 1-19 为人员的分配决策,如表所示,共有 10 名英语熟练的员工(#1;#2;#5;#6;#7;#11;#12;#13;#14;#15)分配到值机区域 B,6 名英语熟练员工(#3;#4;#8;#9;#10;#16)分配到值机区域 C。结合表 1-18 的值机区域分布,值机区域 B 的航班任务数量更多,在班次人数相等的条件下要求更多的英语熟练的值机人员,模型结果反映了这一特点。表 1-20 和表 1-21 是某个不确定场景下发生的具体的人员调度决策结果,这些结果给出了何时何地的任务由哪些人员完成的计划,分配了值机人员第一次和第二次休息的时长。

表 1-21 某个随机场景人员的休息时间分配

人员	休息时间(分钟)	人员	休息时间(分钟)	人员	休息时间(分钟)	人员	休息时间(分钟)
#1	[9;48]	#9	[56;89]	#17	[8;48]	#25	[43;89]
#2	[10;43]	#10	[56;84]	#18	[1;43]	#26	[43;90]
#3	[8;48]	#11	[56;89]	#19	[1;43]	#27	[43;84]
#4	[1;43]	#12	[43;84]	#20	[9;43]	#28	[43;90]
#5	[8;48]	#13	[43;84]	#21	[1;43]	#29	[56;84]
#6	[10;43]	#14	[56;90]	#22	[9;43]	#30	[56;89]
#7	[10;48]	#15	[43;90]	#23	[10;48]	#31	[57;89]
#8	[10;43]	#16	[56;90]	#24	[10;48]	#32	[57;90]

总体来说,通过考虑各种可能的随机场景,本章的模型能够输出最优的人员-区域指派结果。在任务当天,调度计划员根据当天的实际情况再具体地给人

员分派任务。相比确定的人员调度模型直接给出人员-任务的分配决策,本章方法具有更多的调整柔性。同时,通过提前分配人员-区域,区域内的航班任务活动由给定的人员负责,减小了任务时间发生扰动时调度计划员的决策规模。具体地说,班次 1 内的区域 B 航班任务出现变动,那么调度计划员只要在负责 B 区域的 8 个员工中(♯1,♯2,♯5,♯6,♯7,♯17,♯20,♯21)调整计划,而不需要调整班次 1 内的所有员工。

（六）小结

本章研究随机的航站楼值机人员的调度问题,考虑了机场值机活动中存在的不确定性,将航班抵达廊桥的开始值机的时间视为不确定变量。本章的主要内容包括：(1) 以航班任务开始时间为随机变量,建立两阶段的人员-任务调度模型,模型的第一阶段为值机人员分配航站楼活动区域,第二阶段负责人员-任务的调度。(2) 在随机模型的目标函数方面,与风险中性的随机模型目标函数不同,本章采用考虑风险衡量的风险规避的模型目标函数。(3) 在求解算法方面,本章采用 SAA 方法和启发式的 PHA,SAA 方法在小规模问题中的计算效果优于 PHA;在大规模问题下,PHA 算法优于 SAA 方法,启发式的 PHA 可用于求解大规模问题。(4) 数值实验分析员工技能和任务开始时间的不确定程度对调度结果的影响,实验结果表明：① 员工高资质比率越大,总成本越小;② 任务开始时间不确定程度越大,总成本越大。接着,给出了目标函数中以 CVaR 作为风险衡量的风险参数 λ 和置信度 α 的灵敏性分析。最后,以东方航空在虹桥 2 号航站楼的航班数据为案例,说明了模型和算法的输出结果如何应用于实际问题。

五、风险规避的航线指派问题优化

进港航班机型重量级大小是影响跑道的调度决策方案的关键因素,机场进出港航班的重量级类型受航空公司航线-机型指派的影响。因此,本章从航空公司的角度研究了航线-机型指派问题。考虑旅客需求的不确定性,相比现有文献未将最大化客票收益的潜在风险纳入航线-机型指派模型,本章建立风险规避的航线-机型指派问题模型,利用样本均值近似算法求解。风险规避版本的模型能够适应不同风险偏好的决策主体。针对大规模问题,本章设计了一个启发式的求解算法。本章的主要内容包括：第一节航线问题的描述,第二节优化问题的数学模型,第三节求解算法,第四节数值实验结果分析,第五节实际案例的应用,最后,第六节总结本章内容。

(一) 问题描述

在生产计划阶段,航空公司至少需要在航班任务发生一个月之前制定支持方案,如航线-机型指派方案、飞机维修路径方案和机组排班方案。在航线-机型指派中,航空公司需要根据每个航段(如上海—长沙)的旅客需求数量,安排合适的机型执飞。每个航段的需求由单程旅客(上海—长沙)需求和联程航班(天津—上海—长沙)的旅客需求数量决定,航空公司在指派机型的时候既要考虑上海—长沙的需求,也要将天津—长沙经停上海的联程旅客需求纳入其中。实际中,两个城市对的旅客需求是不确定的,航段的旅客需求数量是随着航班任务临近逐渐清晰的,在航班执行的当天才能最终确定实际的旅客量。考虑到需求的不确定性,Sherali 和 Zhu(2008)研究了两阶段的航线-机型指派问题,他们根据如图 1-16 的航线-机型时空网络图建立了基于网络流的航线-机型两阶段指派数学模型。模型的第一阶段负责机型家族(如波音737家族)-航线的指派,随着需求逐渐清晰,第二阶段在机型家族内为该航线分配具体的子机型(如,波音737-400,500,700,800),不同子机型的座位数量不同。基于需求离散且概率分布空间有限的条件,Sherali 和 Zhu(2008)给出了考虑多个不确定场景的确定型等价表达式。

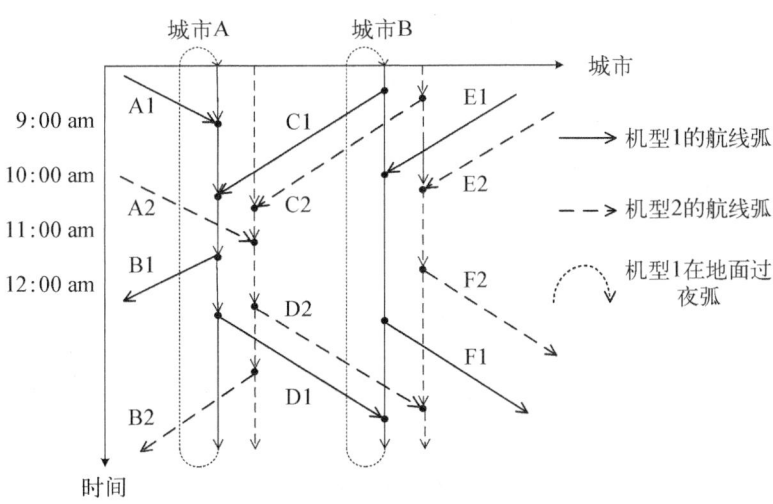

图 1-16 两类机型构成的时空网络图

之所以采用这样的两阶段决策,是因为航线-机型指派需要在机组排班之前给出。机组排班不需要具体的航线-子机型指派计划,因为机组能够执飞同一机型家族的所有子机型。第一阶段确定机型家族的指派为后面机组排班提供了依据,待旅客需求明确后,第二阶段再为航线确定客座量不同的子机型。两阶段的随机模型提高了决策的柔性,通过第二阶段在给定机型家族内对子机型的指派调整,提高了机型容量和旅客需求的匹配,减少旅客流失。

本节的研究内容基于 Sherali 和 Zhu(2008)的拓展。以下首先介绍 Sherali 和 Zhu(2008)基于时空网络图给出的两阶段航线-机型指派基本模型,然后描述风险衡量方法——CVaR 的定义和在利润最大化下的表达式,随后建立风险规避的两阶段随机航线-机型指派模型。

(二)数学模型

本节首先介绍风险中性的航线-机型指派模型,接着以 CVaR 作为风险衡量标准,给出以最大化收益和最小化风险为目标的风险规避航线-机型指派模型。在给出本章问题的数学模型之前,为提高模型的合理性,需要做出以下假设。

假设 5.1:与前人的文献保持一致,假设航线上旅客需求的不确定性可以通过概率分布函数表达,如截尾正态分布、高斯分布等。

假设 5.2:不同航线上的旅客数量是相互独立的,由于长期以来两地的旅客需求总量稳定,所以起点和终点相同而时刻不同的航线旅客需求是负相关的。

假设 5.3:如果联程航班的转机次数太多,航班对旅客的吸引力下降。结合实际情况联程航班大部分经停一个中间机场,所以本章假设所有的联程航班(Connecting Itineraries)只有一个经停站。

1. 基于期望的两阶段随机模型

输入参数:

K:航空公司机队的机型家族集合,k 表示具体的机型家族,$|K|$ 表示机型家族的数量。

T:机队中机型的集合,t 表示具体的机型。

T_k:隶属于机型家族 k 的机型集合 $k \in K$。

N_t:机型 t 构成的子网络中的事件点集合,n 表示事件点元素。

G_t:机型 t 构成的子网络中的地面弧的集合,g 表示单条弧元素。

L:航段的集合,l 表示航段元素,$|L|$ 表示所有航段的数量。

L_k:分配给机型家族 k 的航段集合。

Π：联程航线的集合，i 表示单条联程航线。

Π_l：涵盖航段 l 的联程航线集合。

F_t：机型 t 的子网络图中穿越计数时间线的航段集合。

Ω：不确定需求的场景集合，ω 表示单个场景。

d_i^ω：在场景 ω 下城市对段 i 的需求数量。

$\mathbf{d}^\omega$：场景 ω 下的所有城市对的需求向量。

c_{lt}：机型 $t \in T$ 分配给航段 $l \in L$ 的成本。

C_t：机型 t 的客座位数量。

f_i^ω：在场景 ω 下联程航班 i 的平均票价。

p^ω：场景 ω 出现的概率。

A_t：拥有的机型 t 的数量。

ψ_t：当超出机型 t 的最大数量时引入一架飞机产生的惩罚成本，该值是一个足够大的正数。

α_{ln}：=1 如果航段 l 从城市点 n 出发；=-1 如果航段 l 的终点是 n。

β_{gn}：=1 如果地面弧 g 从 n 点发出；=-1 如果地面弧的终点是 n。

决策变量：

z_{lk}（第一阶段变量）：=1 如果航段 l 的执飞机型属于机型家族 k，否则=0，其中 $l \in L, k \in K$。

x_{lt}^ω（第二阶段变量）：=1 在场景 ω 中如果航段 l 的执飞机型是 t，否则=0，其中 $l \in L, t \in T, \omega \in \Omega$。

y_g^ω（第二阶段变量）：在场景 ω 机型子网络中地面弧 g 中的飞机数量，其中 $g \in G_t, t \in T, \omega \in \Omega$。

q_i^ω（第二阶段变量）：在场景 ω 中航程 i 的载客数量，其中 $i \in \Pi, \omega \in \Omega$。

P_t^ω（第二阶段变量）：用来标记不可行的人工变量，其中 $t \in T, \omega \in \Omega$。

与现有的文献一样，需求的随机性通过一组场景（scenario）来反映，一个场景表示每个航程的联合需求。为简洁起见，我们使用粗体符号表示参数向量。令 $(\Omega, \mathscr{F}, P)$ 表示抽象概率，其中 Ω 是样本空间，$\mathscr{F}$ 是 Ω 上的 σ 代数，而 P 是 Ω 的概率测度。Sherali 和 Zhu(2008)利用有限的概率空间 $\Omega = \{\omega_1, \omega_2, \cdots, \omega_{|\Omega|}\}$ 来刻画需求的不确定性，事件 ω 的发生概率用 p^ω 表示。第一阶段决策（机型家族级别）是确定性的，而第二阶段决策（具体机型级别）则取决于随机参数的实际值。第一阶段问题的目标函数表述如下所示：

$$\max \quad \mathbb{E}_{\omega \in \Omega}[Q(\mathbf{z},\omega)] = \sum_{\omega \in \Omega} p^{\omega} \cdot Q^{\omega}(\mathbf{z},\mathbf{d}^{\omega}) \tag{5.1}$$

s.t.

$$\sum_{k \in K} z_{lk} = 1, \quad l \in L \tag{5.2}$$

$$\mathbf{z} \in \{0,1\}^{|L| \times |K|} \tag{5.3}$$

其中,$Q^{\omega}(\mathbf{z},\mathbf{d}^{\omega})$ 表示在需求场景 ω 下的第二阶段目标收益,它的详细表达式数学形式如下所示:

$$Q^{\omega}(\mathbf{z},\mathbf{d}^{\omega}) = \max \sum_{i \in \Pi} f_i^{\omega} \cdot q_i^{\omega} - \sum_{l \in L} \sum_{t \in T} c_{lt} \cdot x_{lt}^{\omega} - \sum_{t \in T} \psi_t \cdot P_t^{\omega} \tag{5.4}$$

s.t.

$$\sum_{t \in T_k} x_{lt}^{\omega} = z_{lk}, \quad l \in L, k \in K \tag{5.5}$$

$$\sum_{l \in L} \alpha_{ln} \cdot x_{lt}^{\omega} + \sum_{g \in G_t} \beta_{gn} \cdot y_g^{\omega} = 0, \quad n \in N_t, t \in T \tag{5.6}$$

$$\sum_{l \in F_t} x_{lt}^{\omega} + \sum_{g \in F_t} y_g^{\omega} - P_t^{\omega} \leqslant A_t, \quad t \in T \tag{5.7}$$

$$\sum_{i \in \Pi_l} q_i^{\omega} \leqslant \sum_{t \in T} C_t \cdot x_{lt}^{\omega}, \quad l \in L \tag{5.8}$$

$$q_i^{\omega} \leqslant d_i^{\omega}, \quad i \in \Pi \tag{5.9}$$

$$\mathbf{x}^{\omega} \in \{0,1\}^{|L| \times |T|} \tag{5.10}$$

$$\mathbf{y}^{\omega} \geqslant \mathbf{0}, \mathbf{q}^{\omega} \geqslant \mathbf{0}, P^{\omega} \geqslant 0 \tag{5.11}$$

在上述模型中,优化目标为最大化总的预期收益。第一阶段约束条件和0-1变量定义域保证了每条航段被有且仅有一种机型家族所覆盖,或者说对于所有的 $l \in L, k \in K$ 只有一个 $z_{lk}=1$。已知第一阶段指派决策 z_{lk} 和旅客需求 $\mathbf{d}^{\omega}$,第二阶段的优化目标函数(5.4)以最大化需求场景 ω 下的客票收益为目标。约束(5.5)要求航段 l 上必须从第一阶段指派的机型家族中选择一种子机型 t 作为执飞机型。例如,如果航段"北京—上海"在第一阶段安排的是空客A340机型家族,则在第二阶段中需要从{A340-300,A340-600}中选择一款子机型执飞。约束(5.6)是流平衡约束,保证每个机型子网络中在事件点 n 的流入流出平衡(网络流平衡)。约束(5.7)是机型数量约束,用于统计需要额外增加的飞机数量。在确定型的航线网络指派问题中飞机的数量约束写成 $\sum_{l \in F_t} x_{lt}^{\omega} + \sum_{g \in F_t} y_g^{\omega} \leqslant A_t$。但是在随机的环境下存在飞机数量的超出情况。为了解决这种不可行性,该模型包含人工变量 P_t 来记录违反此可用性约束的程度,并且在第二阶段目标中,通过惩罚项 $\sum_{t \in T} \psi_t \cdot P_t^{\omega}$ 将对这种违规行为进行处罚,其中 ψ 表示超出一架的惩罚值。约束(5.9)表示乘客需求限制。在现有的 Sherali 和 Zhu 的模型中,将总利润的预期用作追求的标准。具体而言,通过找出多个不确定需求场景下表现最优的第一阶段决策 $\mathbf{z}$,来实现期望总利润 $\mathbb{E}_{\omega \in \Omega}[Q(\mathbf{z},\omega)]$ 最大。

作为一项开创性的工作,Sherali 和 Zhu 的模型忽略了基于场景建模的决策方案风险。考虑风险衡量有助于避免在面临高度不确定性市场的情况下进行高风险决策,为了将该模型推广到风险环境中,下一节介绍以 CVaR 作为风险衡量的风险规避版本的航线-机型指派模型。

2. 风险规避的两阶段随机模型

作为一种建模方法,风险中性得到决策方案由于兼顾全部的可能性,无法保证在恶劣需求场景下的收益最大化;另外,决策的主体风险态度不尽相同,因此风险中性的目标函数无法输出不同风险态度下的航线-机型指派方案。为了将规避风险这一特点纳入航线-机型分配问题,本篇采用了 Rochafellar 和 Uryasev(2000)提出的风险度量 CVaR 来研究如何设计稳健的航线-机型指派计划。本小节首先介绍均值风险模型的概念,然后介绍风险度量的定义,最后提出风险规避模型。

在成本最小化的情况下,规避风险的两阶段随机规划问题的经典均值-风险反对函数可以表示为:

$$\min_{\mathbf{x} \in X} \mathbb{E}_{\omega \in \Omega}[f(\mathbf{x},\omega)] + \lambda \, \mathrm{CVaR}_{\alpha}(\mathbb{E}_{\omega \in \Omega}[f(\mathbf{x},\omega)]) \tag{5.12}$$

其中,$\mathbf{x}$ 是第一阶段决策变量的向量,$f(\mathbf{x},\omega)$ 表示第一阶段问题的成本函。λ 是一个非负折衷系数,表示风险与均值的汇率,也被称为风险系数或风险级别。CVaR_{α} 表示在给定置信水平 α 下的条件风险值。均值-风险模型将期望成本 $\mathbb{E}[\cdot]$ 和期望成本的风险度量函数 $\mathrm{CVaR}_{\alpha}(\cdot)$ 有机结合在一起,达到了在成本最小化和风险最小化的统一。

在本篇的航线-机型指派问题中,目标函数 $\mathbb{E}_{\omega \in \Omega}[Q(\mathbf{z},\omega)]$ 为总预期收益最大化。在利润最大化的情况下,具有规避风险的随机航线-机型指派问题的均值-风险目标函数可以表示为:

$$\max_{\mathbf{z}\in\{0,1\}^{|L|\times|K|}} \mathbb{E}_{\omega\in\Omega}[Q(\mathbf{z},\omega)] - \lambda \mathrm{CVaR}_\alpha(\mathbb{E}_{\omega\in\Omega}[Q(\mathbf{z},\omega)]) \quad (5.13)$$

其中,$\mathbf{z}$是第一阶段决策变量的向量,模型第一阶段指派决策的成本为 0,$\mathbb{E}_{\omega\in\Omega}[Q(\mathbf{z},\omega)]$期望的目标收益。

根据第四章给出的定义 4.1 的 CVaR 线性化数学表达式和风险中性的模型 (5.1)—(5.11),本篇提出考虑风险规避的航线-机型指派模型的数学公式。风险规避的随机航线-机型指派问题可以等价地改写为如式(5.14)—(5.25)所示的含有风险衡量的等价确定混合整数规划问题:

$$\max \sum_{\omega\in\Omega} p^\omega \Big(\sum_{i\in\Pi} f_i^\omega q_i^\omega - \sum_{l\in L}\sum_{t\in T} c_{lt} x_{lt}^\omega - \sum_{t\in T} \psi_t P_t^\omega \Big) - \lambda\Big(\eta + \frac{1}{1-\alpha}\sum_{s\in S} p^\omega u^\omega\Big) \quad (5.14)$$

s.t.

$$\sum_{k\in K} z_{lk} = 1, \quad l\in L \quad (5.15)$$

$$\mathbf{z} \in \{0,1\}^{|L|\times|K|} \quad (5.16)$$

$$\sum_{t\in T_k} x_{lt}^\omega = z_{lk}, \quad l\in L, k\in K, \omega\in\Omega \quad (5.17)$$

$$\sum_{l\in L} \alpha_{ln} \cdot x_{lt}^\omega + \sum_{g\in G_t} \beta_{gn} \cdot y_g^\omega = 0, \quad n\in N_t, t\in T, \omega\in\Omega \quad (5.18)$$

$$\sum_{l\in F_t} x_{lt}^\omega + \sum_{g\in F_t} y_g^\omega - P_t^\omega \leqslant A_t, \quad t\in T, \omega\in\Omega \quad (5.19)$$

$$\sum_{i\in\Pi_l} q_i^\omega \leqslant \sum_{t\in T} C_t \cdot x_{lt}^\omega, \quad l\in L, \omega\in\Omega \quad (5.20)$$

$$q_i^\omega \leqslant d_i^\omega, i\in\Pi, \omega\in\Omega \quad (5.21)$$

$$\Big(\sum_{l\in L}\sum_{t\in T} c_{lt}\cdot x_{lt}^s - \sum_{i\in\Pi} f_i^\omega\cdot q_i^\omega + \sum_{t\in T} \psi_t\cdot P_t^\omega\Big) - \eta \leqslant u^\omega, \quad \omega\in\Omega \quad (5.22)$$

$$\mathbf{x}^\omega \in \{0,1\}^{|L|\times|T|}, \quad \omega\in\Omega \quad (5.23)$$

$$\mathbf{y}^\omega \geqslant \mathbf{0}, \mathbf{q}^\omega \geqslant \mathbf{0}, P^\omega \geqslant 0, u^\omega \geqslant 0, \quad \omega\in\Omega \quad (5.24)$$

$$\eta \in \mathbb{R} \quad (5.25)$$

值得注意的是,在上面的模型中 η 可视作为第一阶段变量。当用于描述不确定性的场景数量很大时,等价确定形式的混合整数规划问题规模很大,如果采用商用求解器(例如 CPLEX)可能无法直接解决这种大规模的问题。因此,在下一节中,本篇采用样本均值近似算法来求解该问题。

(三) 求解算法

1. 样本均值近似算法

航线-机型指派问题的两个决策阶段都含有 0-1 整数变量,大规模问题的求解是一项挑战。针对此类带有整数决策变量的两阶段随机问题,样本均值近似算法是一种常用的求解算法,本章采用 SAA 算法作为求解风险规避的两阶段随机航线-机型指派模型的求解策略。具体算法内容如下:

通过独立重复地求解小样本的问题(5.14)—(5.25),样本均值近似可以减小等价混合整数问题的计算维度。在 SAA 的策略中,首先生成 $N(N<|\Omega|)$ 个随机参数向量 $\mathbf{d}$ 样本 $d^1,d^2,\cdots,d^N$,然后第二阶段目标函数通过样本均值函数 $\frac{1}{N}\sum_{n=1}^{N}Q(\mathbf{z},\eta,\mathbf{d}^n)$ 来近似。在 SAA 算法中,原问题(5.14)—(5.25)通过如下所示的 SAA 问题(SAAP)近似表示。

$$(\text{SAAP}) \quad v_N = \max_{\mathbf{z}\in\mathbf{Z},\eta\in\mathbf{R}} \frac{1}{N}\sum_{n=1}^{N}Q(\mathbf{z},\eta,\mathbf{d}^n) - \lambda\cdot\eta \quad (5.26)$$

s.t.

$$约束(5.15)—(5.25)$$

其中 $\mathbf{z}=\{0,1\}^{|L|\times|K|}$ 表示第一阶段可行解 $\mathbf{z}$ 的集合,v_N 和 $\{\hat{\mathbf{z}},\hat{\eta}\}$ 分别表示 SAAP 的最优目标值和最优解。求解风险规避的随机航线-机型指派问题的 SAA 算法步骤如下所示:

SAA 算法

步骤 1. 生成大小为 N 的 M 个独立随机样本,并独立重复求解相应的 SAA 问题 M 次:

$$v_N^m = \max_{\mathbf{z}\in\mathbf{Z},\eta\in\mathbf{R}} \frac{1}{N}\sum_{n=1}^{N}Q(\mathbf{z},\eta,\mathbf{d}^n) - \lambda\cdot\eta \quad (5.27)$$

令 v_N^m 和 $\{\hat{\mathbf{z}}_N^m,\hat{\eta}_N^m\}$ 分别为对应的目标值和最优解,其中 $m=1,2,3,\cdots,M$。

步骤 2. 计算目标值的上限,并计算估计量的相应方差。

$$\bar{v}_N^M = \frac{1}{M}\sum_{m=1}^{M}v_N^m \quad (5.28)$$

$$\sigma_{\bar{v}_N^M}^2 = \frac{1}{M(M-1)}\sum_{m=1}^{M}(v_N^m - \bar{v}_N^M)^2 \quad (5.29)$$

$\bar{v}_N^M$ 的期望值不小于原始问题的最优值 v^*。$\bar{v}_N^M$ 是 $\mathbb{E}[v_N]$ 的无偏估计量且有 $\mathbb{E}[\bar{v}_N^M] \geqslant v^*$。$\bar{v}_N^M$ 是原始问题的 v^* 统计上限,而 $\sigma^2_{\bar{v}_N^M}$ 是上限的方差。

步骤3. 计算原问题目标函数的下界值和对应统计量的方差。选择一个第一阶段可行解 $\hat{z} \in \mathbf{Z}$ 放入 SAAP 中,求解样本大小为 N' 的目标函数值。目标函数的真实值的计算公式为:

$$v_{N'}(\hat{z}, \hat{\eta}) = \frac{1}{N'} \sum_{n=1}^{N'} Q(\hat{z}, \hat{\eta}, d^n) - \lambda \cdot \hat{\eta} \quad (5.30)$$

特别指出的是, N' 远大于 N。只要 $\{\hat{z}, \hat{\eta}\}$ 是原问题第一阶段的可行解,统计量 $v_{N'}(\hat{z}, \hat{\eta})$ 是 $\mathbb{E}[Q(\hat{z}, \hat{\eta}, d^n)] - \lambda \cdot \hat{\eta}$ 的一个无偏统计值,如果获得的值大于上一次迭代的值,则在每次迭代中更新 $v_{N'}(\hat{z}, \hat{\eta})$。估计值的方差计算表达式为:

$$\sigma^2_{v_{N'}(\hat{z}, \hat{\eta})} = \frac{1}{N'(N'-1)} \sum_{n=1}^{N'} (Q(\hat{z}, \hat{\eta}, d^n) - \lambda \cdot \hat{\eta} - v_{N'}(\hat{z}, \hat{\eta}))^2 \quad (5.31)$$

步骤4. 用步骤2和3中得到的下界和上界值,计算解 $\{\hat{z}, \hat{\eta}\}$ 的最优 gap 的估计值 $\text{gap}_{N,M,N'}(\hat{z}, \hat{\eta}) = \dfrac{\bar{v}_N^M - v_{N'}(\hat{z}, \hat{\eta})}{\bar{v}_N^M}$,最优 gap 方差 $\sigma^2_{gap} = \dfrac{\sigma^2_{\bar{v}_N^M} + \sigma^2_{v_{N'}(\hat{z}, \hat{\eta})}}{(\bar{v}_N^M)^2}$,最优 gap 的置信区间 $\bar{v}_N^M - v_{N'}(\hat{z}, \hat{\eta}) + z_\alpha \{\sigma^2_{v_{N'}(\hat{z}, \hat{\eta})} + \sigma^2_{\bar{v}_N^M}\}^{0.5}$。其中 $z_\alpha = \Phi^{-1}(1-\alpha)$,$\Phi(z)$ 表示标准正态分布的累计分布函数。

步骤5. 根据目标值的大小从 $\{\hat{z}^1, \hat{\eta}^1\}, \{\hat{z}^2, \hat{\eta}^2\}, \cdots, \{\hat{z}^M, \hat{\eta}^M\}$ 中选出一个最优的 $\{\hat{z}^*, \hat{\eta}^*\}$ 作为最优解。

2. 启发式算法

当航空公司的航线数量和机队规模很大时,样本均值近似算法的计算耗时大,很难在短时间内获得模型的计算结果。为此,本节设计了一个启发式的算法来求解大规模的航线-机型指派问题。因为每架飞机每天承担多个航班的执飞任务,所以本节使用了航班串的概念,将满足衔接条件的航班任务串联起来,然后给航班串分配机型。采取航班串的另外一个原因是,航班串满足了机型的流平衡约束。本节的启发式算法逻辑为:① 根据给定的航班集合,采用深度优先搜索算法生成满足条件的可行航班串集合;② 以最小化航班串数量为目标,通过航班串筛选整数规划模型筛选出覆盖所有航班的航班串集合;③ 利用遗传算法求解航班串-子机型指派问题;④ 统计所有场景下的航班串-子机型指派结果,根据多数表决策略指派每个航班串的机型家族。

1) 可行航班串生成

航班前后衔接需要满足如下条件:① 前后航班的最小衔接时间间隔;② 过

夜衔接;③ 前一航班的目的地机场与后一航班的出发地机场相同;④ 航班的结束,航班必须在每晚 24:00 之前回到可过夜机场。满足这些条件的航班串就是当日飞机的飞行路线。

可行航班串的生成算法具体为,给定航班集合 $Flight$,任取一个种子航班 $fliseed \in Flight$ 放入搜索路径 $Path$ 中。当搜索路径 $Path$ 非空时,从航班集合 $Flight$ 中找出能够与 $Path$ 衔接的且不在路径 $Path$ 中所有航班集合 $Flitailset$。如果 $Flitailset$ 非空,则从中选出一个航班加入到路径 $Path$ 的最后位置,路径 $Path$ 为一可行航班串;如果 $Flitailset$ 为空,那么保存现有的路径 $Path$,然后删掉路径 $Path$ 的最后一个航班。当搜索路径 $Path$ 为空时,跳出循环,遍历下一个种子航班,直到所有的航班都遍历结束。具体的算法流程如**算法 6** 所示。

算法 6:可行航班串深度优先搜索算法

  输入:航班集合 $Flight$
  输出:可行航班串集合 $Flightstring$
1 $Flightstring \leftarrow \varnothing, Path \leftarrow \varnothing$;
2 **for** $flight \in Flight$ **do**
3 $fliseed \leftarrow flight$;
4 $Flirest \leftarrow Flight \setminus fliseed$;
5 $Path \leftarrow Path \cup fliseed$;
6 **while** $Path \neq \varnothing$ **do**
7   $fliahead \leftarrow Path(end)$;
8   $Flitailsetall \leftarrow$ 满足机场要求和衔接时间要求的航班集合;
9   $Flitailset \leftarrow Flitailsetall \cap Flirset$;
10   **if** $Flitailset = \varnothing$ **then**
11    $Flightstring \leftarrow Flightstring \cup Path$;
12    $Path \leftarrow Path \setminus Path(end)$;
13   **else**
14    $flitail \leftarrow$ 满足衔接要求航班集合 $flitailset$ 中的任一航班;
15    $Path \leftarrow Path \cup flitail$;
16    $Flightstring \leftarrow Flightstring \cup Path$;
17    $Flirest \leftarrow Flirset \setminus flitail$;
18   **end**
19 **end**
20 **end**
21 **end**
22 $Flightstring \leftarrow$ 不重复的可行航班串集合 $Flightstring$;

2) 可行航班串筛选

采用深度优先搜索算法获得的可行航班串数量很多,需要对可行航班串进行筛选。最优的航班串需要覆盖所有的航班,并且尽量保证在机型指派决策中飞机数量尽可能地少。因此,本小节采用了一个最小航班串数的航班串筛选整数模型。其输入参数、决策变量和数学模型如下所示。

输入参数

L:航班的集合,l 表示航班元素。

J:可行航班串的集合,j 表示可行航班串元素。

a_{lj}:=1,如果航班 l 被可行航班串 j 所覆盖;=0,否则。

决策变量

x_j:=1,如果可行航班串 j 被选中;=0,否则。

$$(SM) \quad \min \sum_{j \in J} x_j \tag{5.32}$$

s.t.

$$\sum_{j \in J} a_{lj} x_j = 1, \forall l \in L \tag{5.33}$$

模型 SM 以最小化所用航班串数量为目标,保证了每条航班有且仅有一条航班串覆盖,得到的航班串为最优航班串集合。

3) 航班串——子机型指派的遗传算法

在得到最优航班串集合后,需要为每个航班串指派机型。为此,本小节设计了一个航班串-机型指派的遗传算法。遗传算法的染色体编码采用实数编码,染色体为一条长链$(x_1, x_2, \cdots, x_n)$,其中 x_i 表示机型索引,n 为最优航班串的数量。如图 1-17 父代 1 所示,染色体$(6,2,1,5,1,3,1,\cdots,4,3,5)$表示第 1 个航班串分配机型 6,第 2 个航班串分配机型 2,…,最后一个航班串分配机型 5。

算法的种群初始化采用随机生成的方法,在初始化结束之后会存在不可行的染色体。这是因为不同机型的数量不同,初始化得到的染色体存在违背机型数量约束的情况。为此,需要对染色体采取修复工作。染色体的修复的具体操作为,找出违背机型数量约束的机型和确定超额指派数量,从其指派的航班串集合中随机选出超额指派数量的航班串,将这些选出的航班串指派其他数量宽裕的机型。

航班串-机型指派的遗传算法采用双点交叉,图 1-17 给出了交叉操作的具体信息。在交叉操作结束后检查染色体的可行性,只要存在不可行的染色体,都要将其修复。变异操作采用两点交换的方式,采取这种变异操作可以保证变异后的染色体是可行的,变异操作如图1-18所示。遗传算法的选择策略和适应度计算采用本篇第3章所提到的方法。当种群的最优适应值和平均适应值相等或达到预设的最大迭代次数后,算法终止。

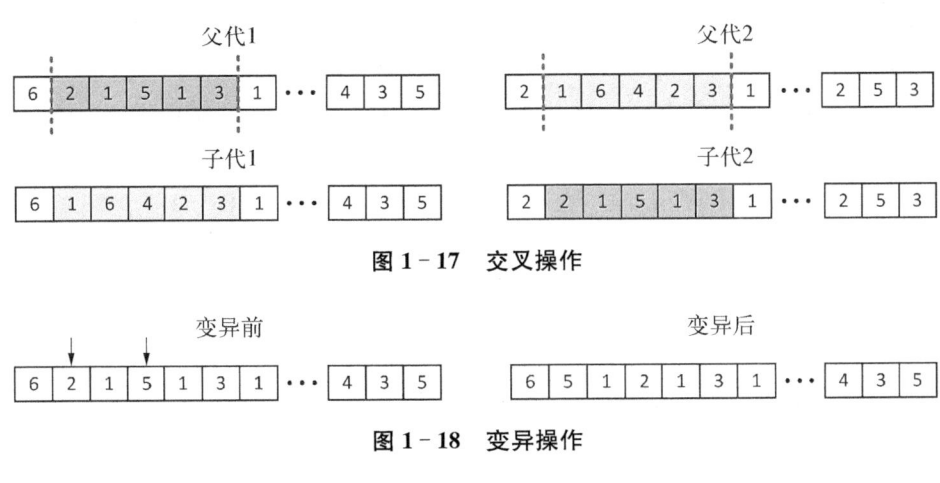

图1-17 交叉操作

图1-18 变异操作

4)整体算法框架

最后,**算法7**给出了本章启发式算法的整体框架。

算法7:启发式算法的整体框架

输入:模型参数
输出:机型家族指派决策
1 Step 1 可行航班串生成:给定航班信息,用算法6生成可行航班串集合;
2 Step 2 航班串筛选:已知可行航班串集合,利用模型 SM 输出最优航班串集合;
3 Step 3 航班串-子机型指派:已知最优航班串集合,对每个需求场景 d^ω, $\omega \in \Omega$,采用航班串-子机型遗传算法求解,获得每个场景下的航班串-子机型指派结果;
4 Step 4 航班串-机型家族指派:已知 $|\Omega|$ 个航班串-子机型指派结果,根据多数表决原则,确定每个航班串的机型家族指派决策。

(四)数值实验

本节使用海南航空飞行网络中的实际案例进行数值实验。实验的目的首先是证实 SAA 方法作为风险规避的随机航线-机型指派问题的有效性;分析 SAA

算法参数对计算效果和计算时间的影响。接着,分析 CVaR 的风险系数 ρ 和置信度 α 对目标函数值的影响。最后,分析需求的波动程度对结果的预期影响。SAA 算法采用 Matlab2014b 作为编程工具,求解器为商业求解器 ILOG CPLEX 12.6,计算工具的配置为 PC Intel Core i5 - 6500 CPU 3.20 GHz 8 GB RAM。在风险规避的航线-机型模型的参数灵敏性分析结束后,数值实验的最后比较了 SAA 和启发式算法的计算效果,总结了 SAA 和启发式算法的优势和劣势。

1. 数据描述

计算案例的部分数据来自海南航空(以下简称"海航")的官方信息。海航的飞行网络包含数千个飞行航段,由于问题规模的复杂性,本章无法将所有飞行航班都考虑在内。本章从海航的航班网络中选择一个航班子网,该子网涵盖多达 72 条飞行航段和 159 条路线,涉及 $K=3$ 飞机机队和 $T=6$ 飞机类型:B787 - 8,B787 - 9,A330 - 200,A330 - 300,B737Max8 和 B737 - 700HH。表 1 - 22 中给出了每种飞机类型的数量 A_t 和每架飞机的可用座位(容量)数量 C_t,每个可用座位千米成本(Cost per Available Seat Kilometre,CASK)。

表 1 - 22 航空公司的机型客座量和数量信息

机型家族 K	B787		A330		B737	
机型 t	8	9	200	300	Max8	700HH
数量 A_t	9	17	9	17	3	3
客座量 C_t	213	289	260	303	176	120
CASK	0.41	0.38	0.39	0.37	0.43	0.50

截尾正态分布是用来描述波动需求和票价的经典分布函数(Lists 和 Dekker,2005),(Sherali 和 Zhu,2008),与前人保持一致,本章根据截尾正态分布来生成需求变量和航班票价。根据海南航空的历史平均行程水平数据,本章通过截尾为 0 的正态分布生成旅客需求和票价数据,正态分布的标准差分别等于其平均值的 100% 和 50%,机型的指派成本为最大平均利润的 25%。根据给定需求和票价的概率分布,蒙特卡洛方法用于生成每个行程的需求和票价场景。

2. SAA 算法效果分析

在本小节中,首先进参数实验来验证 SAA 算法的可行性并观察其收敛性,以及说明参数 M 和 N 对 SAA 性能的影响。如 Lists 和 Dekker(2005)等的数值实验结果所述,当需求的样本量为 50 时足以反映不确定性,超过 50 对计算结果没有显著影响,反而巨大的增加了计算时间。由于 SAA 算法是基于小样本抽样算法,所以 SAA 中的样本量 N 上界为 50。因此考虑 SAA 算法参数的取值:$M \in \{5,10\}, N \in \{5,10,25,50\}, N' = 200, \lambda = 0.5, \alpha = 95\%$。$M, N$ 和 N' 值的选取基于先前对 SAA 算法的经验和计算成本之间的权衡。参数组合的算例结果如表 1-23 所示。

表 1-23 不同 (M, N') 组合下的计算结果

(M, N')	N	下界值	上界值	$gap(\%)$	时间(s)
(5,200)	5	32 281 547.8	33 577 806.3	3.86	1 237
(5,200)	10	32 337 608.3	33 140 137.4	2.42	2 167
(5,200)	25	32 371 718.7	32 479 418.2	0.33	5 892
(5,200)	50	32 404 940.1	32 802 703.3	1.21	17 641
(10,200)	5	32 225 087	33 370 760	3.43	5 238
(10,200)	10	32 214 050	32 778 178	1.72	10 028
(10,200)	25	32 277 705	32 583 735	0.94	18 307
(10,200)	50	32 314 299	32 548 298	0.71	57 120

表 1-23 列出了不同重复抽样次数 M 和小样本规模 N 下的数值结果。"下界值"和"上界值"列分别表示目标值的统计下限和上限。列 $gap = \dfrac{上界值 - 下界值}{上界值} \cdot 100\%$,表示上界和下界的相对差百分比。"时间"一列统计了计算耗时。表 1-24 总结了抽样大小 N 对计算精度的影响。第二列和第三列分别表示上界和 gap 值的标准差。最后一栏中给出了 gap 值的 95% 置信区间范围。

表 1-24 样本大小 N 对求解效果的影响($M = 10$)

N	上界标准差	gap 标准差	gap 的置信区间(%)
5	394 477	1.33	[1.24, 5.36]
10	309 464	1.16	[-0.19, 3.63]
25	215 714	0.93	[-0.59, 2.47]
50	77 719	0.69	[-0.57, 2.85]

图 1-19 刻画了近似目标函数值上下界与随着样本量 N 的变化关系。从图 1-19 可以看出,目标函数上下界的 gap 值随着样本量 N 的增加逐渐减少并且收敛,另外上界变化比下界变化更大。当 $N \geqslant 25$ 时,gap 值趋于收敛。从表 1-23 和 1-24 可以看出,随着样本量 N 和 M 的增加,目标函数上界值和 gap 减小,而下界值一般会增加。此外,当样本量 N 增大时,目标函数上界值得标准差和 gap 值随着样本量 N 的增加而减少。这说明,更大的样本量 N 可以获得更接近最优的解决方案。因此,当使用较大的样本量 N 时,可以找到具有较小的 gap 值和更精确的解。如表 1-24 所示,固定 $M=10$,当 N 从 5 增加到 50,gap 值从 3.43% 降至 0.71%,gap 值的置信区间从 [1.24%, 5.36%] 缩小到 [-0.57%, 2.85%]。从表 1-23 可以看出,($M=5, N=50$) 和 ($M=10, N=25$) 下的 gap 值分别为 1.21% 和 0.94%,且两个例子的计算时间几乎相同。这说明选择一个较大的 M 而不仅仅是增加样本大小 N 有助于提高计算效果。

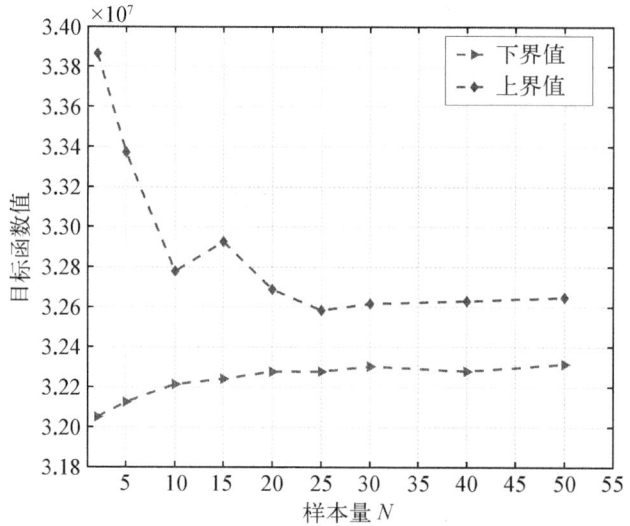

图 1-19　样本量 N 对目标函数上下界的影响

虽然抽样规模越大解的精度越高,但样本变大会导致问题的规模变大和求解难度增加。从表 1-23 和图 1-19 可以看出,5 小时的计算时间内可以获得小于 1% 的 gap 值。就解的质量而言,参数 ($M=10, N=50$) 略好于 ($M=10, N=25$),但是 gap 值下降 0.23% 的代价是增加一倍的计算时间,因此选择 $M=10$ 且样本大小 $N=25$ 作为后续分析的 SAA 算法参数。

3. CVaR 参数灵敏性分析

对航空公司而言,具体的决策方案受到决策主体风险偏好的影响。在相同的运营资源下,不同的风险偏好会产生不同的计划和预期收益。为了观察风险规避模型中不同风险水平对随机航空公司航线-机型分配方案的影响,本篇进行了敏感性分析。

1) 风险参数 λ 对计算结果的影响

表 1-25 总结了风险参数 λ 从 0 增加到 1 的计算结果。注意当 $\lambda = 0$ 时,风险规避的模型转变为风险中性的情况。如该表的结果所示,预期收益的上下界值都随着 λ 的增加而增加。这是因为第一阶段当前机型家族分配成本为零,所以增加 λ 的值不会导致总的目标函数值的单调下降。相反,航空公司的收益随着 λ 的增加而增加。显而易见,给定任何 α,目标函数上下界值的标准差会随着 λ 的增加而增加。在表 1-25 中,将 λ 从 0 增加到 1,"gap"的置信区间宽度一般都会增加。这种结果表明,强的风险规避决策会降低解的质量。因此,为了保证解的质量,应当在 λ 增加时增加样本量 N 或重复抽样次数 M。

表 1-25 风险水平 λ 对目标函数值的影响($\alpha = 0.95$)

λ	下界值	下界标准差	上界值	上界标准差	$gap(\%)$	gap 置信区间(%)
0	22 494 577	98 483	22 647 378	111 309	0.67	[−0.40, 1.75]
0.1	24 460 775	114 155	24 624 760	127 725	0.67	[−0.48, 1.81]
0.2	26 350 940	136 407	26 561 370	160 037	0.79	[−0.51, 2.09]
0.3	28 382 796	157 764	28 603 745	170 545	0.77	[−0.56, 2.11]
0.4	30 332 272	179 262	30 571 288	187 808	0.78	[−0.62, 2.18]
0.5	32 277 705	212 115	32 583 735	215 714	0.94	[−0.59, 2.47]
0.6	34 202 576	241 272	34 513 204	253 064	0.90	[−0.77, 2.57]
0.7	36 207 250	263 357	36 544 357	262 093	0.92	[−0.75, 2.59]
0.8	38 113 762	304 040	38 545 173	286 976	1.12	[−0.66, 2.90]
0.9	40 090 426	325 798	40 533 420	309 863	1.09	[−0.73, 2.92]
1	42 045 046	354 576	42 533 012	335 764	1.15	[−0.74, 3.04]

为了说明在优化目标函数中考虑将风险度量 CVaR 的影响,我们评价了风险规避和风险中立($\lambda=0$)策略之间的收益差异。相应的结果如表 1-26 所示,其中△表示风险规避的收益相比风险中性收益的增量百分比,"△下界值"和"△上界值"列分别表示目标函数下界值和上界值的增加值百分比。可以看出,总收益的相对差值随着 λ 的增加而增加。通常,当风险系数增加 0.1 时,目标函数值的下界值和上界值分别增加 8.69% 和 8.84%。对于较高的风险规避程度(即较大的 λ),将做出更为保守的决策。总体而言,当航空公司决策者倾向于追求更高的风险规避水平(即更高的 λ)时,规避风险的策略要优于风险中立的策略。

表 1-26 风险规避和风险中性模型的相对差异百分比

λ	△下界值(%)	△上界值(%)	λ	△下界值(%)	△上界值(%)
0.1	8.7	8.8	0.6	52.0	52.7
0.2	17.1	17.4	0.7	61.0	61.8
0.3	26.2	26.5	0.8	69.4	70.7
0.4	34.8	35.2	0.9	78.2	79.5
0.5	43.5	44.2	1	86.9	88.4

2)置信水平 α 对计算结果的影响

在以 CVaR 作为风险度量工具的随机优化模型中,另一个风险参数 α 以百分比形式表示风险偏好。当置信水平 α 增加时,相应的 VaR 也在增加。由于 $CVaR_\alpha$ 代表风险超过 VaR 条件下的期望值,因此 $CVaR_\alpha$ 随着 VaR 的增加而增加。表 1-27 详细说明了使用不同 α 的计算结果。根据表中结果可以发现,随着风险系数 α 的增加,目标函数上下界值略有下降。这是因为较大的 α 表示要做出更为保守的决策,并为可能出现的意外事件或场景分配更多的权重。因此,相应的风险期望值随着 α 的增加而增加,从而导致预期收益降低。另一方面,相较于风险系数 λ,置信水平 α 对目标函数值和最优差距的影响较弱。例如,当 α 从 85% 增加到 95% 时,目标值的下界和上界分别仅下降 1.07% 和 0.90%。这主要是因为 λ 反映了预期收益和 CVaR 的交换率,较大的 λ 提供了更高的预期总利润和较高的 CVaR 值。较大的 α 仅导致较高的 CVaR 值。

表1-27 置信水平 α 对目标函数的影响($\lambda=0.5$)

α	下界值	下界值标准差	上界值	上界值标准差	$gap(\%)$	gap 置信区间(%)
0.65	32 962 307	153 727	33 232 476	181 877	0.81	[0.54, 1.09]
0.70	32 894 000	157 883	33 157 990	186 741	0.80	[0.41, 1.18]
0.75	32 835 211	157 604	33 033 752	195 608	0.60	[0.09, 1.11]
0.80	32 693 957	160 508	32 984 703	190 749	0.88	[0.25, 1.52]
0.85	32 625 466	154 589	32 878 589	195 085	0.77	[−0.01, 1.55]
0.90	32 497 026	169 978	32 712 324	191 163	0.66	[−0.34, 1.66]
0.93	32 412 333	187 397	32 659 532	219 424	0.76	[−0.55, 2.06]
0.95	32 277 705	212 115	32 583 735	215 714	0.94	[−0.59, 2.47]
0.99	31 753 323	111 344	32 525 100	212 177	2.37	[0.66, 4.09]

4. 需求波动对目标值的影响

特定航程的需求本质上会动态变化,比如需求随季节和一年中发生的重要事件而变化。通过改变旅客需求分布函数中的标准偏差可以反映旅客需求的波动程度。表1-28给出了不同旅客需求波动程度下的目标函数计算结果。如表1-28所示,当需求的标准偏差增加时,利润会略有增加。然而,当需求的标准偏差从平均需求的20%增加到200%时,目标值的增量小于10%。这表明载客率对标准差的增加不敏感。换句话说,当需求的标准偏差明显增加时,飞机的载客量略好一些。这说明:在许多情况下,标准差的增加对需求大于行程中给定飞机容量的情况影响有限。

表1-28 需求的标准差对预期收益的影响

需求波动标准差(%)	下界值	上界值	$gap(\%)$
20	31 338 038	31 628 417	0.92
50	32 730 721	32 956 825	0.69
100	32 277 705	32 583 735	0.94
150	33 697 940	33 951 730	0.75
200	34 978 966	35 282 538	0.86

5. 启发式算法效果分析

本小节首先测试了遗传算法的效果，根据预测试的结果选择种群大小为100，最大迭代次数为50，交叉概率为1，变异概率为0.8。以前面海南航空的算例数据为例，采用遗传算法求解单个需求场景的航线-机型指派问题，求解时间小于0.5秒。图1-20展示了某个需求场景下的遗传算法计算结果。从图1-20可以看出，航线-机型指派的遗传算法在25代左右收敛，种群的平均目标函数等于最优目标函数，种群中的任何一个解都是最优解。遗传算法的最优值从初代的 $3.70*10^6$ 增加到 $4.85*10^6$。遗传算法的收敛效果和计算效率得到保证。

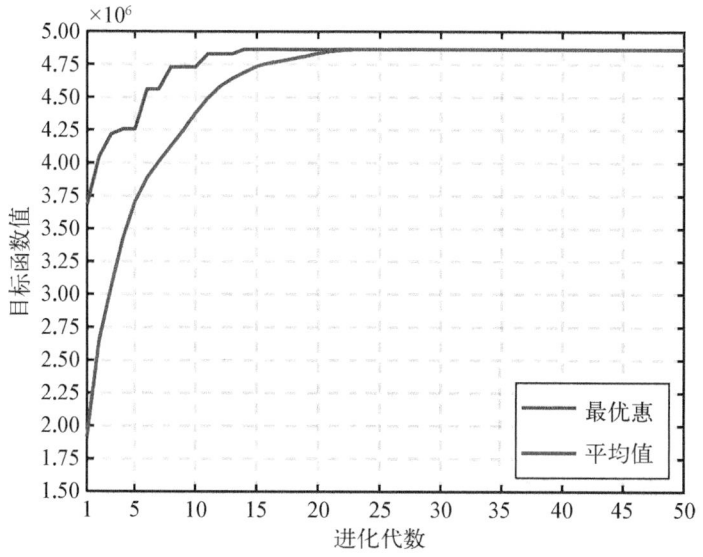

图1-20 遗传算法演化图

接着，本小节比较了不同需求场景数量（问题规模）下SAA和启发式算法的计算结果，取 $|\Omega|\in\{5,10,20,30,50,100,150,200\}$，SAA的抽样次数 $M=1$。表1-29统计了两种方法下的目标函数值、计算耗时和所需飞机数量。从表1-29中可以发现，SAA的计算时间远大于启发式算法。具体地，当 $|\Omega|$ 分别为10和50时，SAA的计算时间分别是启发式算法的36和95倍。另外，随着问题规模的增大，如当 $|\Omega|\geqslant 100$ 时，SAA无法获得可行解。这些结果说明了启发式算法的计算速度远远高于SAA。比较SAA和启发式算法输出的目标收益可以发现，SAA的目标收益要高于启发式算法的结果。这是因为SAA基于模型能够最大化地满足每条航线的旅客需求，而启发式算法是最大化地满足航

班串上的旅客需求，启发式算法在需求的捕获方面逊色于基于模型的 SAA。但是，SAA 最大化满足需求的同时忽视了资源的利用率，相同的条件下，SAA 需要的飞机数量远高于启发式算法所需的飞机数量，而基于航班串指派的启发式算法保证了一架飞机一日内能够执飞多个航班，提高了飞机的日利用率。

表 1-29 样本均值近似和启发式算法的计算结果比较

算例 $|\Omega|$	样本均值近似			启发式算法		
	目标收益	计算耗时（s）	所需飞机数	目标收益	计算耗时（s）	所需飞机数
5	5 041 632	6.31	57	3 265 706	1.95	25
10	5 266 757	30.91	55	3 220 003	1.76	25
20	5 234 382	126.28	51	3 591 228	3.53	25
30	5 123 025	328.36	45	3 408 370	5.05	25
50	5 313 136	826.60	37	3 223 165	8.67	25
100	−3 019 771 779	2 885.87	71	3 131 206	17.85	25
150	—	—	—	3 074 333	26.11	25
200	—	—	—	3 083 596	40.88	25

"—"表示无可行解

表 1-30 总结了两种算法的优势和劣势。基于模型的 SAA 方法能够衡量 CVaR，最大化满足航线旅客需求，小问题下求解精度高；然而 SAA 输出的航线-机型指派决策飞机利用率低。启发式算法求解速度快，能够在非常短的时间内获得大规模问题的指派结果，输出的航班串可以作为飞机的执飞路线，飞机的利用率高于 SAA；然而启发式算法不能够处理风险衡量问题，基于航班串的机型指派不可避免地会错失部分旅客需求。

表 1-30 两种算法的优劣比较

	样本均值近似算法	启发式算法
优势	(1) 小规模问题下，求解精度高； (2) 能够衡量 CVaR； (3) 最大化满足每个航班的旅客需求	(1) 求解速度快，能求解大规模问题； (2) 飞机的利用率高； (3) 输出的航班串是飞机的飞行路线
劣势	(1) 求解速度慢，难以求解大规模问题； (2) 飞机的利用率低	(1) 启发式算法难以衡量 CVaR； (2) 最大化满足每个航班串的旅客需求

(五)案例研究

本节展示模型和算法的结果如何应用于实际问题。

1. 案例数据

本小节的航班数据来自海南航空的航班时刻表,海南航空的航班时刻表一共有 992 条航班,本章的航线-机型指派是基于日计划的,因此本章摘取了班期为 1234567 的所有航班,共计 166 个航班,涉及 35 个城市。详细的航班时刻信息参见本篇篇尾附录"第五章案例研究中的航班数据"的表 A.1。由于航班的需求属于企业保密信息,本章采用正态截尾分布随机生成航线的旅客需求。为了更好地反映票价与需求之间的关系,本节将票价视为旅客需求的线性函数。本节首先根据航线的飞行距离和 CASK 生成基本票价,然后在不同的需求场景下计算不同的机票价格,这样可以更真实地估计目标收益。

给定 166 条航线,可行航班串深度优先搜索算法一共生成了 11 042 条可行的航班串,筛选模型最后选择了 67 条最优的航班串。根据航班串的数量,本节需要的飞机数量不能低于 67 架。本节的机队规模设置为 70 架,其中除了 B787-9 为 20 架外,其余的子机型全部为 10 架。设置随机场景数 $|\Omega|=100$,采用启发式算法求解。遗传算法的种群规模为 100,最大迭代数为 50,交叉和变异概率分别为 1 和 0.8。

2. 计算结果与分析

目标函数值为 $8.076\,8 * 10^6$,计算时间为 32.78 秒。根据 $|\Omega|=100$ 个场景下的子机型指派结果,采用多数表决,确定每个航班指派的子机型。表 1-31 给出了多数表决策略下的航班串子机型和机型家族指派结果。

表 1-31 最后一列的结果是启发式算法输出的第一阶段的航线-机型家族指派决策。第二列给出了每个航班串覆盖的具体航班,这是某类机型的执飞路线。第二列中存在一部分航班串的航班数量为 1,这是因为本节的航班时刻表是截取日计划的航班表,存在某些城市的航班数量少,如终点城市为长春的航班只有一班。

表 1-31 航线-机型指派结果

航班串编号	航班编号集合	航班数量	子机型	机型家族
1	16	1	B737-Max	B737
2	30	1	B787-9	B787

续表

航班串编号	航班编号集合	航班数量	子机型	机型家族
3	38	1	B787-8	B787
4	46	1	B787-8	B787
5	62	1	B737-Max	B737
6	112	1	A330-300	A330
7	144	1	B787-9	B787
8	109	1	B737-Max	B737
9	146	1	B787-8	B787
10	59	1	B787-9	B787
11	70	1	B737-700HH	B737
12	78	1	B787-8	B787
13	140	1	A330-200	A330
14	134	1	B787-8	B787
15	5;95	2	A330-200	A330
16	7;75	2	B737-700HH	B737
17	8;124;123	3	B787-9	B787
18	11;12;92	3	B737-Max	B737
19	13;67;68	3	B787-8	B787
20	21;100	2	B737-Max	B737
21	22;98	2	B787-9	B787
22	23;24;89	3	B787-9	B787
23	49;50;99	3	B737-700HH	B737
24	58;52	2	B787-9	B787
25	76;54	2	A330-300	A330
26	83;84;20;19	4	B787-9	B787
27	115;116;34;33	4	B787-8	B787
28	154;153;137	3	B737-700HH	B737
29	65;27	2	B787-8	B787
30	85;43	2	B737-700HH	B737
31	93;162;161	3	B787-8	B787
32	106;105;31;32	4	B787-9	B787
33	113;36	2	A330-200	A330
34	121;28	2	A330-300	A330
35	130;73	2	B737-Max	B737
36	138;114	2	A330-200	A330

续 表

航班串编号	航班编号集合	航班数量	子 机 型	机型家族
37	147;104	2	B737-Max	B737
38	40;39;166	3	B787-9	B787
39	53;81;82	3	A330-200	A330
40	57;160	2	B787-9	B787
41	66;9	2	A330-300	A330
42	74;125	2	B787-9	B787
43	102;17	2	A330-300	A330
44	117;118;97	3	A330-200	A330
45	122;3;4	3	B737-700HH	B737
46	126;149;150	3	B787-9	B787
47	164;128	2	B737-Max	B737
48	141;119;120	3	A330-200	A330
49	71;107;108	3	B787-9	B787
50	135;55	2	B737-700HH	B737
51	159;132	2	B787-9	B787
52	56;15;80;79	4	B737-700HH	B737
53	152;139;94	3	A330-300	A330
54	51;77;86	3	B737-700HH	B737
55	127;72;129	3	B787-9	B787
56	156;155;136;157;142	5	B737-Max	B737
57	41;88;103;14	4	A330-200	A330
58	44;2;35;111;64	5	A330-200	A330
59	90;69;165;96;163	5	B737-700HH	B737
60	1;87;63;110	4	B787-9	B787
61	42;131;133	3	A330-200	A330
62	26;47;148;60;151	5	B787-9	B787
63	91;143	2	B787-9	B787
64	158;18	2	A330-300	A330
65	101;6;37	3	B787-9	B787
66	25;45;29;48	4	B737-Max	B737
67	10;61;145	3	A330-300	A330

（六）小结

在需求不确定的情况下，本章研究具有风险规避两阶段随机规划问题，以海航的航线-机型分配为实例进行算例分析。假设每个城市的旅客需求是随机变量，与风险中性传统两阶段随机规划相比，本章提出一种规避风险的两阶段随机规划模型。该方法在制定稀缺飞机资源的分配计划时，在处理风险偏好方面具有很大的灵活性。在这项研究中，本篇将 CVaR 指定为风险度量，采用了 SAA 算法作为求解方法。数值实验结果表明：① 随着考虑的不确定场景数量的增加，样本近似算法的收敛性越高；一个合理的重复抽样次数 M 可以取得计算效果和计算时间的平衡。② 在实践中考虑解决方案的鲁棒性和决策者的风险偏好时，规避风险的模型要优于中立风险的模型，风险规避度越高，预期的客票收益越大。③ 旅客需求的波动程度对于目标函数值的影响较小。由于 SAA 算法无法求解大规模的航线-机型指派问题，本章设计一个结合航班串深度优先搜索算法、航班串筛选整数规划模型和遗传算法的启发式算法求解大规模的随机航线-机型指派问题。通过数值实验比较 SAA 和启发式算法的效果，总结两种方法各自的优缺点。具体来说，启发式的方法求解的计算效率高，能求解大规模问题，启发式算法下的飞机利用率高，但满足旅客需求的效果不如 SAA；而 SAA 能更好地满足航线上旅客需求，增加客票收入，但高收益的背后是需要更多的飞机资源，飞机的利用率低。最后，以海南航空的日航班计划为例，说明了模型和算法如何应用于实际问题。

六、总结与展望

本篇在智慧民航建设的背景下，针对不确定环境的航空资源优化决策，具体研究了机场跑道调度、航站楼值机人员调度和航线-机型指派三个联系紧密的资源优化问题。针对每个实际问题，建立相应的数学模型；设计模型的求解算法；对每个问题利用实际数据或者随机生成的算例进行数值实验，给出模型和算法上的改进分析；给出了每个资源"智慧"优化问题的应用案例。

（一）本篇总结

本篇基于航空活动的实际问题，着力于解决不确定环境下的跑道调度、人力资源调度和航线指派问题，具体研究内容如下：

（1）在整理不确定性机场跑道调度相关文献后，发现大部分跑道调度的研究都基于随机航班到达时间用一个确定的概率分布来刻画。然而，实际情况下机场环境因素复杂且航班历史数据量有限，随机参数的概率分布不确定。因此，利用随机参数的部分经验信息（如均值、平均绝对偏差和一阶矩等）作为跑道调度模型的输入更贴合实际，本篇第三章研究不确定航班到达时间分布模糊的跑道调度问题。

（2）人力成本是航空公司的主要成本之一，对值机人员和航班任务进行高效调度有助于提高人力资源的利用水平。在实际环境中，航班进出港时间的不确定性导致值机任务开始时间的不确定性。确定的值机人员调度忽略了任务开始时间存在随机性的特点，本篇第四章研究任务开始时间不确定的值机人员调度问题。

（3）航班的执飞机型需要与旅客需求量相匹配，航线-机型的指派是航空公司收益管理的重要内容。在实际环境中，航空公司制定机型指派计划时实际的旅客需求量是未知的。在需求的不确定的情况下分配机型，航空公司需要平衡收益和潜在决策风险。本篇整理了风险控制在航线网络设计方面的文献，发现几乎没有文献考虑这一因素。所以本篇第五章研究风险规避模型的航线-机型指派问题，引入 CVaR 作为风险衡量，通过风险系数来反映决策主体的风险偏好。

本篇的主要贡献和结论有：

（1）在模型的完善方面，分布式鲁棒的随机跑道调度考虑航班实际到达时间不确定，建立航班实际到达时间分布不确定的两阶段随机跑道调度模型。相比现有文献假设随机参数能够用具体的概率分布函数刻画，本文的方法减少了对随机参数分布信息的依赖。在模型求解效率方面，本篇设计一个结合启发式算法的混合样本均值近似（HSAA）算法，该算法能够求解大规模的航班调度问题。相比现有文献（Solak S 等，2018）最大能处理 14 架航班和 12 个场景的跑道调度问题，本篇算法能够求解 60 架航班和 30 个以上场景的问题规模。通过随机生成的算例验证模型和算法的效果，数值实验分别对比了：CPLEX 和嵌套 GA 的求解效率、先到先服务（FCFS）和模型的调度效果、不同抽样方式下的 HSAA 的算法效果。实验结果表明，嵌套 GA 的计算效率高于 CPLEX，两阶段的跑道调度效果远远好于 FCFS，Kmeans＋＋聚类抽样下的 HSAA 算法效果最好。

（2）随机值机人员调度问题针对航站楼内的值机人员的任务调度计划，率先考虑值机任务开始时间的不确定性,建立了随机的两阶段值机人员调度模型。该调度模型考虑了员工标准休息和餐食要求约束。在模型求解的算法设计上,采用样本近似方法和启发式的逐步对冲算法作为求解策略。算例实验分析员工构成和任务开始时间不确定程度对调度结果的影响。实验结果表明,资质水平高的员工比例越大,总体员工成本越小;任务开始时间的不确定程度越大,总的员工成本越大。在小规模问题上,样本均值近似方法效果更好;在大规模问题上,样本均值近似方法难以求解,逐步对冲算法效果明显。

(3)风险规避的航线-机型指派问题针对旅客需求不确定的航线-机型指派决策,在模型中引入风险衡量因素,建立风险规避的航线-机型两阶段随机规划模型。在模型求解方面,采用样本均值近似算法作为求解策略。以海南航空的机队和航班网络数据为算例,分析求解算法的收敛效果,讨论反映决策主体风险偏好的风险系数对决策的影响。实验结果表明在小规模问题下,样本均值近似算法的收敛性得到保证;由于航线-机型决策的第一阶段成本为0,风险系数越高的决策方案收益越高;另外,目标函数值对旅客需求的波动水平不敏感。针对大规模问题,设计一个结合航班串深度优先搜索、航班串筛选和航班串-机型指派遗传算法的启发式算法。相比样本均值近似算法,启发式算法的求解速度快,启发式算法下的飞机利用效率更高。

总体来说,本篇对航空活动中的两大模块——机场和航空公司运营过程中稀缺资源优化问题进行了研究,分别研究机场跑道调度、值机人员调度和航线-机型指派三个能够通过运筹优化技术实现物力和人力资源有效利用的实际问题。针对每个问题,通过考虑不确定性和风险等扩展了现有的模型,设计了有效的模型求解算法,用数值实验分析了模型和算法的实际效果,最后以实际案例展示了模型和算法的输出结果如何应用于实际问题。本篇的模型和算法对于机场活动的智能调度和航空公司的资源优化具有实际指导意义。

(二)研究不足与展望

1. 研究不足

本篇的研究不足之处分三个问题具体说明。

(1)针对分布式鲁棒的随机跑道调度问题存在的研究不足有:① 调度模型简化实际航班的进港过程,出于建模的需要,忽略航班在着陆之前采取绕边飞行(Holding pattern)的等待方式。② 研究的是待降航班的到达时间相互独立的情况,实际情况中前后航班的到达时间可能具有相关性。③ 研究的是降落情况的跑道调度,在只具有一条跑道的机场,需要对起飞和降落进行同时调度。

(2) 关于任务开始时间不确定的值机人员调度问题的研究不足表现为:① 该问题的约束主要考虑员工的休息和餐食要求,缺少对员工班次内有效工作时长的关注。② 模型注重全局最优,忽略员工个人对班次和任务的要求。③ 模型将值机人员的资质划分为两类,实际中的划分类别可能更多。

(3) 涉及风险规避的航线-机型指派问题的研究不足包括:① 随机需求采用截尾正态分布生成,如第三章所讨论的,随机需求的分布可能是不确定的。② 在航班任务开始之前,航空公司采用的都是动态票价,机票价格与实时的需求相关,机票价格参数不是完全随机的。③ 设计的启发式算法难以衡量 CVaR。

2. 未来展望

(1) 在分布式鲁棒的随机跑道调度问题中,考虑混合跑道或者多跑道的调度情况是进一步研究的方向。另外,分布式鲁棒的随机跑道调度问题假设航班的到达时间相互独立,然而在实际中航班的前后到达时间可能为不独立的情况。针对航班到达时间不独立的分布式鲁棒优化问题如何构建模糊集和确定最坏情况分布是一大挑战。

(2) 在随机的值机人员调度问题中,逐步对冲算法的计算耗时较长,计算时间的长短取决于算法迭代和分解过程。如何改进启发式的逐步对冲算法提高算法的收敛效率,减少迭代次数是一个值得研究的方向。另外,值机人员的模型完全从航空公司的立场出发,假定航空公司能够决定一切。考虑员工多技能特质、员工-任务偏好的员工立场出发的人员调度模型是一个值得研究的方向。

(3) 在风险规避的航线-机型指派问题中,问题模型具有良好的结构,针对特定问题结构特点如何设计高效的分解算法是一个重要方向。另外,旅客需求的分布具有不确定性,如何更加贴合实际,从大数据的视角出发,结合大数据技术,研究旅客需求不确定的分布式鲁棒航线-机型指派问题具有实践意义。

参考文献

[1] 艾媒网.航空行业数据分析:2019年中国民用航空客运量为6.6亿人[EB/OL].(2020-08-15). https://www.iimedia.cn/c1061/73402.html.

[2] 陈剑利,李胜宏. CVaR 风险度量模型在投资组合中的运用[J].运筹与管理,2004,13(1):95-99.

[3] 冯霞,唐菱,卢敏.面向层次资质的机场外航服务人员排班研究[J].交通运输系统工程与信息,2019(2):235-241.

[4] 谷润平,王倩,李佳妮.基于机型航线优化的多目标规划[J].南京航空航天大学学报,2016,48(9):917-921.

[5] 卢敏,王莉.面向班型动态生成的地服人员排班算法[J].交通运输系统工程与信息,2018,18(4):54-60.

[6] 路晶,何元清,刘期建.基于多目标两阶段的跑道起飞调度模型[J].计算机应用研究,2012,29(6):2052-2057.

[7] 任新惠,尹晓丽.民航值机人员动态排班问题研究[J].数学的实践与认识,2019,49(1):26-33.

[8] 孙宏,张培文,汪瑜.基于航线网络运力优化分配的机队规划方法[J].西南交通大学学报,2010,45(1):111-115.

[9] 汪瑜,朱金福,葛伟.随机需求航线网络效应下机队鲁棒优化方法[J].西南交通大学学报,2014,49(4):727-733.

[10] 王璐,汪云峰,吴辉.基于遗传算法的平行跑道航班着陆调度问题研究[J].航空计算技术,2019,49(2):7.

[11] 于辉,陈敬光.基于CVaR的航空公司机票超售策略[J].工业工程,2012,15(1):1-7.

[12] 张春晓,石晓磊,臧其银.不确定需求下的两阶段机型指派模型[J].中国民航大学学报,2015,33(4):10-15.

[13] 张开华.需求驱动下机型指派问题研究[D].南京:南京航空航天大学.2018.

[14] 张兴香,朱星辉.需求不确定状态下的航班机型分配问题研究[J].华东交通大学学报,2015,32(2):67-71.

[15] 中国民用航空局.中国民航四型机场建设行动纲要[EB/OL].[2020-01-03].http://www.caac.gov.cn/XXGK/XXGK/ZCFBJD/202001/P020200110664548555485.pdf.

[16] AĞRALı S, TAKıN Z C, ÜNAL A T. Employee scheduling in service industries with flexible employee availability and demand[J]. Omega, 2017(66):159-169.

[17] ALEM D, MORABITO R. Risk-averse two-stage stochastic programs in furniture plants[J]. OR Spectrum, 2013, 35(4):773-806.

[18] ALEM D, CLARK A, MORENO A. Stochastic network models for logistics planning in disaster relief[J]. European Journal of Operational Research, 2016, 255(1):187-206.

[19] ALVAREZ-VALDES R, CRESPO E, TAMARIT J. Labour scheduling at an airport refuelling installation[J]. Journal of the Operational Research Society, 1999, 50(3):211-218.

[20] ARTIOUCHINE K, BAPTISTE P, DÜRR C. Runway sequencing with holding patterns[J]. European Journal of Operational Research, 2008, 189(3):1254-1266.

[21] BALAKRISHNAN H, CHANDRAN B G. Algorithms for scheduling runway operations under constrained position shifting[J]. Operations Research, 2010, 58(6):1650-1665.

[22] BARNHART C, KNIKER T S, LOHATEPANONT M. Itinerary-based airline fleet assignment[J]. Trans-portation Science, 2002, 36(2):199-217.

[23] BARNHART C, FARAHAT A, LOHATEPANONT M. Airline fleet assignment with

enhanced revenue modeling[J]. Operations Research, 2009, 57(1): 231-244.

[24] BEASLEY J E, KRISHNAMOORTHY M, SHARAIHA Y M, et al. Scheduling aircraft landings — the static case[J]. Transportation Science, 2000, 34(2): 180-197.

[25] BEASLEY J E, SONANDER J, HAVELOCK P. Scheduling aircraft landings at London Heathrow using a population heuristic[J]. Journal of the operational Research Society, 2001, 52(5): 483-493.

[26] BEI X, ZHU X, COIT D W. A risk-averse stochastic program for integrated system design and preventive maintenance planning[J]. European Journal of Operational Research, 2019, 276(2): 536-548.

[27] BÉLANGER N, DESAULNIERS G, SOUMIS F, et al. Weekly airline fleet assignment with homogeneity[J]. Transportation Research Part B: Methodological, 2006, 40(4): 306-318.

[28] BEN-TAL A, HOCHMAN E. More bounds on the expectation of a convex function of a random variable[J]. Journal of Applied Probability, 1972, 9(4): 803-812.

[29] BIAN Q, XIN H, WANG Z, et al. Distributionally robust solution to the reserve scheduling problem with partial information of wind power[J]. IEEE Transactions on Power Systems, 2014, 30(5): 2822-2823.

[30] BIANCO L, DELL'OLMO P, GIORDANI S. Scheduling models and algorithms for TMA traffic management[M]. Proceedings of Modelling and simulation in air traffic management. Springer, 1997: 139-167.

[31] BRANDA M. Sample approximation technique for mixed-integer stochastic programming problems with several chance constraints[J]. Operations Research Letters, 2012, 40(3): 207-211.

[32] BRANDA M. Distributionally robust fixed interval scheduling on parallel identical machines under uncertain finishing times[J]. Computers & Operations Research, 2018.

[33] BRISKORN D, STOLLETZ R. Aircraft landing problems with aircraft classes[J]. Journal of Scheduling, 2014, 17(1): 31-45.

[34] BÜRGY R, MICHON-LACAZE H, DESAULNIERS G. Employee scheduling with short demand per-turbations and extensible shifts[J]. Omega, 2019(89): 177-192.

[35] CHANG Z, SONG S, ZHANG Y, et al. Distributionally robust single machine scheduling with risk aversion[J]. European Journal of Operational Research, 2017, 256(1): 261-274.

[36] CHEN Y, XU M, ZHANG Z G. A risk-averse newsvendor model under the CVaR criterion[J]. Operations Research, 2009, 57(4): 1040-1044.

[37] CHENG C H, KUO Y H. A dissimilarities balance model for a multi-skilled multi-location food safety inspector scheduling problem[J]. IIE Transactions, 2016, 48(3): 235-251.

[38] CHENG J, DELAGE E, LISSER A. Distributionally robust stochastic knapsack problem[J]. SIAM Journal on Optimization, 2014, 24(3): 1485-1506.

[39] CHUANG H H C, OLIVA R, PERDIKAKI O. Traffic-based labor planning in retail stores[J]. Pro-duction and Operations Management, 2016, 25(1): 96-113.

[40] CLARE G, RICHARDS A G. Optimization of taxiway routing and runway scheduling [J]. IEEE Transactions on Intelligent Transportation Systems, 2011, 12(4): 1000-1013.

[41] CRAINIC T G, GOBBATO L, PERBOLI G, et al. Logistics capacity planning: A stochastic bin packing formulation and a progressive hedging meta-heuristic [J]. European Journal of Operational Research, 2016, 253(2): 404-417.

[42] DEFRAEYE M, VAN NIEUWENHUYSE I. Staffing and scheduling under nonstationary demand for service: A literature review[J]. Omega, 2016(58): 4-25.

[43] DUAN C, JIANG L, FANG W, et al. Data-driven affinely adjustable distributionally robust unit commitment[J]. IEEE Transactions on Power Systems, 2017, 33(2): 1385-1398.

[44] DUMAS J, AITHNARD F, SOUMIS F. Improving the objective function of the fleet assignment problem[J]. Transportation Research Part B: Methodological, 2009, 43(4): 466-475.

[45] ELÇI Ö, NOYAN N. A chance-constrained two-stage stochastic programming model for humanitarian relief network design[J]. Transportation Research Part B: Methodological, 2018(108): 55-83.

[46] FAYE A. Solving the aircraft landing problem with time discretization approach[J]. European Journal of Operational Research, 2015, 242(3): 1028-1038.

[47] FERNÁNDEZ E, HINOJOSA Y, PUERTO J, et al. New algorithmic framework for conditional value at risk: Application to stochastic fixed-charge transportation [J]. European Journal of Operational Research, 2019, 277(1): 215-226.

[48] GADE D, HACKEBEIL G, RYAN S M, et al. Obtaining lower bounds from the progressive hedging algorithm for stochastic mixed-integer programs[J]. Mathematical Programming, 2016, 157(1): 47-67.

[49] GHONIEM A, SHERALI H D, BAIK H. Enhanced models for a mixed arrival-departure aircraft sequencing problem[J]. INFORMS Journal on Computing, 2014, 26(3): 514-530.

[50] GHONIEM A, FARHADI F, REIHANEH M. An accelerated branch-and-price algorithm for multiple-runway aircraft sequencing problems[J]. European Journal of Operational Research, 2015, 246(1): 34-43.

[51] GOTOH J Y, TAKANO Y. Newsvendor solutions via conditional value-at-risk minimization[J]. European Journal of Operational Research, 2007, 179(1): 80-96.

[52] GUO G, HACKEBEIL G, RYAN S M, et al. Integration of progressive hedging and dual decomposition in stochastic integer programs[J]. Operations Research Letters, 2015, 43(3): 311-316.

[53] HARIKIOPOULO D, NEOGI N. Polynomial-time feasibility condition for multiclass aircraft sequencing on a single-runway airport[J]. IEEE transactions on intelligent

transportation systems, 2011, 12(1): 2-14.

[54] HONG Y, CHOI B, KIM Y. Two-stage stochastic programming based on particle swarm optimization for aircraft sequencing and scheduling[J]. IEEE Transactions on Intelligent Transportation Systems, 2018, 20(4): 1365-1377.

[55] HUR Y, BARD J F, FREY M, et al. A stochastic optimization approach to shift scheduling with breaks adjustments[J]. Computers & Operations Research, 2019(107): 127-139.

[56] JACOBS T L, SMITH B C, JOHNSON E L. Incorporating network flow effects into the airline fleet assignment process[J]. Transportation Science, 2008, 42(4): 514-529.

[57] JACQUILLAT A, ODONI A R. An integrated scheduling and operations approach to airport congestion mitigation[J]. Operations Research, 2015, 63(6): 1390-1410.

[58] JONES J C, LOVELL D J, BALL M O. Stochastic optimization models for transferring delay along flight trajectories to reduce fuel usage[J]. Transportation Science, 2017, 52(1): 134-149.

[59] KABAK Ö, ÜLENGIN F, AKTA E, et al. Efficient shift scheduling in the retail sector through two-stage optimization[J]. European Journal of Operational Research, 2008, 184(1): 76-90.

[60] KIERMAIER F, FREY M, BARD J F. The flexible break assignment problem for large tour scheduling problems with an application to airport ground handlers[J]. Journal of Scheduling, 2015(1): 1-33.

[61] KIM K, MEHROTRA S. A two-stage stochastic integer programming approach to integrated staffing and scheduling with application to nurse management[J]. Operations Research, 2015, 63(6): 1431-1451.

[62] KLEYWEGT A J, SHAPIRO A, MELLO T. The sample average approximation method for stochastic discrete optimization[J]. SIAM Journal on Optimization, 2002, 12(2): 479-502.

[63] KROKHMAL P, PALMQUIST J, URYASEV S. Portfolio optimization with conditional value-at-risk objective and constraints[J]. Journal of Risk, 2002(4): 43-68.

[64] KUO Y H, LEUNG J M Y, YANO C A. Scheduling of multi-skilled staff across multiple locations[J]. Production & Operations Management, 2014, 23(4): 626-644.

[65] LISTES O, DEKKER R. A scenario aggregation-based approach for determining a robust airline fleet composition for dynamic capacity allocation[J]. Transportation Science, 2005, 39(3): 367-382.

[66] LU J, GUPTE A, HUANG Y. A mean-risk mixed integer nonlinear program for transportation network protection[J]. European Journal of Operational Research, 2018, 265(1): 277-289.

[67] MAENHOUT B, VANHOUCKE M. An integrated nurse staffing and scheduling analysis for longer-term nursing staff allocation problems[J]. Omega, 2013, 41(2): 485-499.

[68] NG K, LEE C, CHAN F T, et al. Robust aircraft sequencing and scheduling problem with arrival/departure delay using the min-max regret approach[J]. Transportation Research Part E: Logistics and Transportation Review, 2017(106): 115-136.

[69] NIENDORF M, KABAMBA P T, GIRARD A R. Stability analysis of runway schedules [J]. IEEE Transactions on Intelligent Transportation Systems, 2016, 17(12): 3380-3390.

[70] NIU S, SONG S, DING J Y, et al. Distributionally robust single machine scheduling with the total tardiness criterion[J]. Computers & Operations Research, 2019(101): 13-28.

[71] NOYAN N. Risk-averse two-stage stochastic programming with an application to disaster management[J]. Computers & Operations Research, 2012, 39(3): 541-559.

[72] NOYAN N. Risk-Averse Stochastic Modeling and Optimization[J]. Proceedings of Recent Advances in Optimization and Modeling of Contemporary Problems. INFORMS, 2018: 221-254.

[73] PARISIO A, JONES C N. A two-stage stochastic programming approach to employee scheduling in retail outlets with uncertain demand[J]. Omega, 2015, 53: 97-103.

[74] PINOL H, BEASLEY J E. Scatter search and bionomic algorithms for the aircraft landing problem[J]. European Journal of Operational Research, 2006, 171(2): 439-462.

[75] POSTEK K, ROMEIJNDERS W, HERTOG D, et al. An approximation framework for two-stage ambiguous stochastic integer programs under mean-MAD information[J]. European Journal of Operational Research, 2019, 274(2): 432-444.

[76] RESTREPO M I, GENDRON B, ROUSSEAU L M. A two-stage stochastic programming approach for multi-activity tour scheduling[J]. European Journal of Operational Research, 2017, 262(2): 620-635.

[77] REXING B, BARNHART C, KNIKER T, et al. Airline fleet assignment with time windows[J]. Transportation Science, 2000, 34(1): 1-20.

[78] ROCKAFELLAR R T, URYASEV S. Optimization of conditional value-at-risk[J]. Journal of Risk, 2000(2): 21-42.

[79] ROCKAFELLAR R T, URYASEV S. Conditional value-at-risk for general loss distributions[J]. Journal of Banking & Finance, 2002, 26(7): 1443-1471.

[80] RODRÍGUEZ-DÍAZ A, ADENSO-DÍAZ B, GONZÁLEZ-TORRE P L. Minimizing deviation from scheduled times in a single mixed-operation runway[J]. Computers & Operations Research, 2017(78): 193-202.

[81] ROSENBERGER J M, SCHAEFER A J, GOLDSMAN D, et al. A stochastic model of airline opera-tions[J]. Transportation Science, 2002, 36(4): 357-377.

[82] SANTOSO T, AHMED S, GOETSCHALCKX M, et al. A stochastic programming approach for supply chain network design under uncertainty[J]. European Journal of Operational Research, 2005, 167(1): 96-115.

[83] SHANG C, YOU F. Distributionally robust optimization for planning and scheduling under uncertainty[J]. Computers & Chemical Engineering, 2018(110): 53-68.

[84] SHAPIRO A. Tutorial on risk neutral, distributionally robust and risk averse multi-stage stochastic programming. Optimization Online http://www.optimization-online.org/DB_HTML/2018/02/6455.html, 2018. 1-26.

[85] SHERALI H D, ZHU X. Two-stage fleet assignment model considering stochastic passenger demands[J]. Operations Research, 2008, 56(2): 383-399.

[86] SOLAK S, SOLVELING G, CLARKE J P B, et al. Stochastic runway scheduling [J]. Transportation Science, 2018, 52(4): 917-940.

[87] SRINIVAS M, PATNAIK L M. Adaptive probabilities of crossover and mutation in genetic algorithms[J]. IEEE Transactions on Systems, Man, and Cybernetics, 1994, 24 (4): 656-667.

[88] TAS D, GENDREAU M, DELLAERT N, et al. Vehicle routing with soft time windows and stochastic travel times: A column generation and branch-and-price solution approach[J]. European Journal of Operational Research, 2014, 236(3): 789-799.

[89] WANG Y, ZHANG Y, TANG J. A distributionally robust optimization approach for surgery block allocation[J]. European Journal of Operational Research, 2019, 273(2): 740-753.

[90] WATSON J P, WOODRUFF D L. Progressive hedging innovations for a class of stochastic mixed-integer resource allocation problems[J]. Computational Management Science, 2011, 8(4): 355-370.

[91] WEI W, LIU F, MEI S. Distributionally robust co-optimization of energy and reserve dis-patch[J]. IEEE Transactions on Sustainable Energy, 2016, 7(1): 289-300.

[92] ZHANG W, RAHIMIAN H, BAYRAKSAN G. Decomposition algorithms for risk-averse multistage stochastic programs with application to water allocation under uncertainty[J]. INFORMS Journal on Computing, 2016, 28(3): 385-404.

[93] ZHANG Y, SHEN Z J M, SONG S. Distributionally Robust Optimization of Two-Stage Lot-Sizing Problems [J]. Production and Operations Management, 2016, 25(12): 2116-2131.

[94] ZHU X, SHERALI H D. Two-stage workforce planning under demand fluctuations and uncertainty[J]. Journal of the Operational Research Society, 2009, 60(1): 94-103.

附录　第五章案例研究中的航班数据

表 A.1　海南航空航班时刻表

编号	航站	起飞	落地	航站	编号	航站	起飞	落地	航站
1	北京	810	1220	三亚	28	北京	2015	2235	海拉尔
2	北京	2320	40	大连	29	北京	820	1015	哈尔滨
3	北京	1800	2035	长沙	30	北京	1350	1555	哈尔滨
4	北京	1350	1800	乌鲁木齐	31	成都	2005	2255	北京
5	北京	820	1120	厦门	32	成都	1755	2025	广州
6	北京	2205	115	福州	33	成都	1735	1955	深圳
7	北京	715	1120	昆明	34	大连	2025	2215	北京
8	北京	830	1240	乌鲁木齐	35	大连	745	940	太原
9	北京	1530	1850	成都	36	大连	1845	1950	唐山
10	北京	900	1120	杭州	37	福州	755	1045	北京
11	北京	1145	1550	三亚	38	广州	1510	1635	海口
12	北京	735	1035	厦门	39	广州	925	1145	重庆
13	北京	720	935	虹桥	40	广州	1255	1510	浦东
14	北京	1550	1800	虹桥	41	广州	625	755	三亚
15	北京	710	935	浦东	42	广州	1950	140	乌鲁木齐
16	北京	805	1015	杭州	43	广州	2050	2355	北京
17	北京	1715	2040	深圳	44	广州	800	1105	北京
18	北京	810	1140	深圳	45	广州	2220	125	北京
19	北京	1450	1825	深圳	46	广州	1235	1520	西安
20	北京	2120	50	深圳	47	广州	740	1015	西安
21	北京	1220	1535	深圳	48	哈尔滨	2350	155	北京
22	北京	900	1230	深圳	49	海口	715	830	深圳
23	北京	1900	2050	长春	50	海口	710	820	深圳
24	北京	825	1230	三亚	51	海口	1150	1435	南京
25	北京	1615	1935	广州	52	海口	1425	1630	昆明
26	北京	2135	50	广州	53	海口	750	1035	浦东
27	北京	1730	2100	广州	54	海口	845	1135	徐州

续 表

编号	航站	起飞	落地	航站	编号	航站	起飞	落地	航站
55	海口	1640	1955	西安	86	三亚	1340	1535	贵阳
56	海拉尔	2320	140	北京	87	三亚	1705	2000	合肥
57	杭州	750	945	郑州	88	三亚	2355	130	深圳
58	杭州	705	955	海口	89	三亚	1455	1755	南京
59	杭州	1130	1340	广州	90	三亚	725	1100	呼和浩特
60	杭州	1655	1930	西安	91	三亚	815	1110	西安
61	杭州	1550	1830	西安	92	厦门	1240	1535	北京
62	合肥	1740	1925	厦门	93	厦门	1135	1405	郑州
63	合肥	2340	120	太原	94	厦门	2045	2240	合肥
64	合肥	2050	2230	太原	95	厦门	1910	2225	西安
65	虹桥	815	1040	北京	96	厦门	805	1030	郑州
66	虹桥	1050	1315	北京	97	深圳	2035	2300	浦东
67	虹桥	1915	2130	北京	98	深圳	1650	1835	温州
68	虹桥	900	1445	乌鲁木齐	99	深圳	1255	1615	北京
69	呼和浩特	1800	1935	郑州	100	深圳	1940	2255	北京
70	呼和浩特	1200	1410	哈尔滨	101	深圳	1715	2005	北京
71	济南	1405	1550	沈阳	102	深圳	730	1030	北京
72	济南	1925	35	乌鲁木齐	103	深圳	920	1235	北京
73	喀什	1635	1825	乌鲁木齐	104	深圳	2110	2240	三亚
74	喀什	1030	1230	乌鲁木齐	105	深圳	1345	1620	成都
75	昆明	1740	1935	海口	106	沈阳	1350	1635	宁波
76	南昌	2210	25	海口	107	沈阳	2005	2325	西安
77	南京	2140	100	三亚	108	沈阳	1640	1835	济南
78	宁波	1750	2020	深圳	109	太原	810	940	大连
79	宁波	1030	1245	广州	110	太原	715	1005	广州
80	浦东	1140	1510	海口	111	太原	1505	1640	合肥
81	浦东	1635	1920	深圳	112	太原	2125	2345	杭州
82	浦东	1330	1510	潍坊	113	唐山	850	1000	大连
83	浦东	1105	1335	北京	114	唐山	2035	2300	西安
84	三亚	1330	1720	北京	115	天津	1150	1345	西安
85	三亚	640	805	广州	116	潍坊	1555	1655	大连

续 表

编号	航站	起飞	落地	航站	编号	航站	起飞	落地	航站
117	温州	2010	2250	北京	142	西安	1650	1915	沈阳
118	温州	1340	1535	深圳	143	西安	1415	1605	长沙
119	温州	1925	2220	西安	144	西安	830	1115	广州
120	乌鲁木齐	1610	2005	郑州	145	西安	2035	2305	杭州
121	乌鲁木齐	1350	1735	北京	146	西安	1130	1425	广州
122	乌鲁木齐	900	1245	北京	147	西安	1540	1845	深圳
123	乌鲁木齐	1330	1845	广州	148	西安	1235	1445	杭州
124	乌鲁木齐	1925	40	深圳	149	西安	2010	2350	乌鲁木齐
125	乌鲁木齐	1640	2050	郑州	150	西安	1225	1555	乌鲁木齐
126	乌鲁木齐	920	1235	西安	151	西安	2205	120	三亚
127	乌鲁木齐	900	1310	济南	152	西宁	820	945	西安
128	乌鲁木齐	1800	2250	虹桥	153	西宁	1300	1425	西安
129	乌鲁木齐	1705	2120	南昌	154	徐州	1240	1515	哈尔滨
130	乌鲁木齐	720	930	喀什	155	银川	2245	5	西安
131	乌鲁木齐	805	1125	西安	156	银川	1035	1240	北京
132	乌鲁木齐	1720	2100	西安	157	长沙	1300	1450	西安
133	西安	1530	1745	北京	158	长沙	2235	55	北京
134	西安	2105	2245	西宁	159	郑州	1045	1455	乌鲁木齐
135	西安	1125	1420	海口	160	郑州	2115	2300	杭州
136	西安	820	1025	长沙	161	郑州	1525	1705	呼和浩特
137	西安	2045	2200	银川	162	郑州	2050	2310	厦门
138	西安	600	800	唐山	163	郑州	2005	2320	三亚
139	西安	1525	1810	厦门	164	郑州	1130	1540	乌鲁木齐
140	西安	905	1050	天津	165	郑州	2150	15	厦门
141	西安	835	1115	温州	166	重庆	2015	2250	北京

第二篇

S公司供应商质量管理改进研究

彭江涛

摘　　要

中国的企业在改革开放以来特别是加入WTO以后取得了快速的发展,但中国企业正面临国内人口红利减少、人力成本不断升高、产品附加利润不断被压缩的局面,中国企业需要从关注企业内部的管理转换为整个供应商上游到下游的全过程管理来形成供应链管理上的核心竞争力以获得更多的利润。因此,在水平分工的背景下加强供应商质量管理成为当务之急。

本篇以S公司供应商质量管理为切入点,探讨提高企业供应商质量管理水平以及改善供应商绩效的方法,并研究在S公司的供应商质量管理实践中如何使用这些方法。主要有以下几个研究内容:

首先,对供应链中供应商质量管理理论进行阐述、归纳和总结。从S公司的供应商质量管理现状入手,分析了S公司的采购规模、S公司供应商质量管理部门及S公司的组织架构。使用五力分析模型对S公司的竞争力进行分析。

其次,本篇从供应商分类管理、供应商选择评价、供应商绩效管理、物料认可批准方面进行分析,罗列出S公司现阶段供应质量管理存在的问题,分析供应商质量管理现状存在的原因、提升的思路、提升的原则及提升的理论依据。

最后,本篇针对S公司供应商质量管理过程中存在的问题制定了改进方法,结合S公司的质量管理资源,制定了改善措施实施的先后顺序,将其运用于供应商的改善实践,取得了较好的改善效果。

一、引言

(一)研究背景

纽约时间2018年8月2日上午,苹果公司市值在盘中突破1万亿美元,这是人类历史上第一家冲上万亿美元市值的科技企业。而苹果公司却是一家只负责设计、没有自己的装配工厂,从全球采购零部件在类似富士康的工厂完成产品组装并向全球销售产品的公司。20世纪80年代IT革命和互联网的普及使得全球制造业一体化变为现实,世界一流的制造公司都从垂直一体化走向水平分工,苹果公司的成功正是借助设计开发、采购、生产运营、销售、售后服务整条供应链的高效管理来实现的。中国的企业近几年也取得了快速的发展,但中国企业正面临国内人口红利减少、人力成本不断升高、产品附加利润不断降低的局面,在全球贸易战越来越激烈,关税壁垒日趋严重的背景下,中国企业正需借鉴类似苹果公司那样的供应链管理理念,从关注企业内部的管理转换为整个供应商上游到下游的全过程管理用以形成供应链管理上的核心竞争力以获得更多的利润。与此同时,水平分工也给供应商质量管理带来了前所未有的挑战。2010年全球销量排名第一位、以质量为核心竞争力之一的日本丰田汽车,在2010年1月21日因其零部件供应商的"脚垫""油门踏板""刹车系统"等零部件的质量事故,导致汽车召回的数量接近1 000万辆,召回成本达50亿美元。2017年整车厂供应商也是世界最大气囊制作商日本高田公司(TAKATA)与美国司法部达成和解,认罚10亿美元,高田气囊质量问题导致整车企业从2010到2017年全球召回涉及车辆近亿辆,仅在中国市场涉及召回的车辆就达到2 200万辆。随即高田公司宣布破产,2018年6月日本高田公司更名为TKJP,一个经营了80多年的著名品牌就此消失。在获得低采购成本的同时,保证供应商的高质量,高效率是所有企业追求的目标。

S公司是一家拥有300多名员工的公司,刚刚被一家致力于能源管理的世界级公司收购。S公司90%的物料都是采购后经装配测试然后再出货给客户,涉及两千多种物料,200多家国内外供应商,S公司产品据客户需求定制,按订单生产客户需要的产品。S公司的产品正面临国内外竞争对手的激烈竞争，客户对价格和订单交货时间非常敏感，同时S公司内部正面临被收购后集团层面供应商质量管理体系的整合，新的供应商质量管理体系被质疑是否符合S公司的实际情况，是否能够达到改善供应商质量管理的目的，这些都对供应链的管理提出了很高要求，迫切需要运用科学的分析方法找到提升整个供应链管理水平的最优方案。供应商质量问题已经凸显为制约整个供应链管理的关键因素，供应商的质量问题导致供应商无法准时交货，正常生产计划被打乱，客户订单无法按时交付，客户投诉增多。供应商产品质量的可靠性制约着整个供应链的表现，结合S公司的实际情况需要提出改善供应商质量的方案，从而提高整个供应链上下游管理效率，提高客户满意度，提高企业竞争力。

（二）研究的目的与意义

本篇研究的主要目的是呈现理论前沿对于供应商质量管理的最新成果，阐述在供应商质量管理实践中的理论、模式和方法，分析S公司供应商质量管理体系存在的问题并尝试提供解决方案。通过分析S公司的案例，探讨从供应商分类管理、供应商评价、供应商物料认证、供应商绩效管理方面制定改进措施来实现一流供应商质量管理水平，经过充分验证，在实施改进措施后取得了显著的效果，具有实践意义，也丰富了此领域的研究方法。通过案例分析提供可行性建议，具有很强的可操作性，从而可为面临相同供应商管理困扰的企业提供指导意义。

（三）研究的主要内容

本篇研究对象是S公司的供应商质量管理实践，在上述供应商分类管理、选择与评价、供应商绩效管理的紧密关系等理论前沿及相关研究的基础上，结合S公司在供应商管理中的体系设置、要求规范及实际操作，将分析S公司在供应商质量管理实践中碰到的问题作为切入点，探寻提升S公司供应商质量管理水平的解决方案。论文的主要内容及总体框架如下：

第一章是引言部分，阐述本篇研究背景、目的与意义，以及研究的主要方法和思路。

第二章是文献综述与理论基础部分，回顾质量管理发展历程，对国内外的供应商质量管理相关研究文献进行了综述，并对供应商质量管理理论进行述评。

第三章主要阐述S公司概况、S公司组织架构、S公司内外部环境，结合相关理论分析S公司在供应商质量管理中存在的问题以及成因。

第四章主要提出改进S公司供应商质量管理水平的思路、指导原则及措施。从供应商分类管理、供应商评价、物料认证、供应商绩效管理方面提出切实的改善方案。在实施供应商改进措施后利用实践中得到的成果来确认改进措施的有效性。

第五章是对本研究的总结和对未来研究的展望。总结在本研究中的结论及启示，分析本研究中的不足并对未来研究方向做出展望。

（四）研究的主要方法与思路

本篇在研究过程中，首先在资料文献前沿科学的基础上，对质量管理理论及供应商管理理论进行分析、比较和总结。采用质量管理学理论结合S公司实际情况进行分析，找到S公司在供应商质量管理实践中存在的问题，找到问题背后的原因，制定科学的优化方案，并确认方案实施后的效果。全篇研究的思路如图2-1所示。

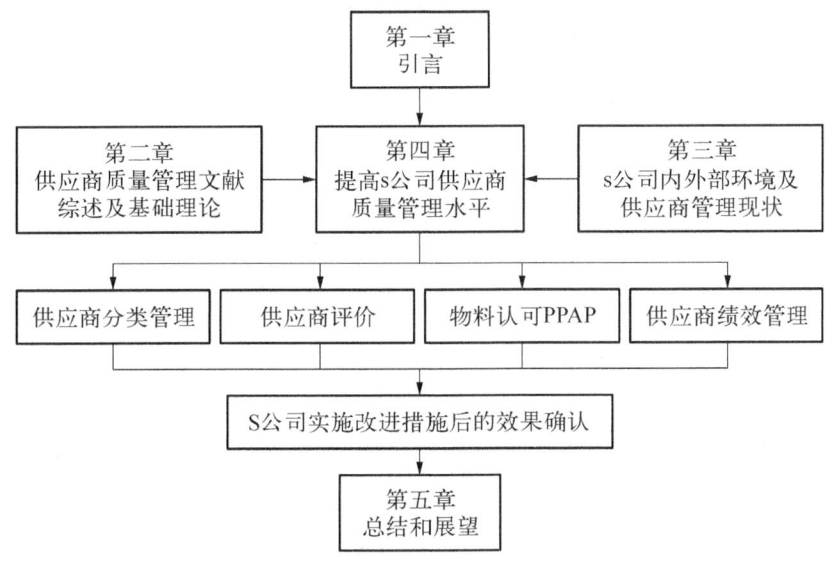

图2.1　本篇研究思路图

二、文献综述与理论基础

（一）文献综述

质量管理活动一直在人类的生产生活中占据着非常重要的作用，远古的人类就已经知道选用特定材料和形状的石头切割食物，控制弓和箭的合理比例达到最佳的狩猎效果，秦朝的兵马俑上刻着工匠的名字，用责任到人的可追溯方式来控制陶俑的质量。近代质量管理实践活动起源于战时的美国，美国产业界把从战时生产中取得的质量管理实践效果引入和平时期的生产活动，并对质量管理相关理论进行了深入的研究。

20 世纪 20 年代，Walter A. Shewhart 从统计学的角度出发根据"计划—执行—检查—行动"的 PDCA 循环创造了控制图，完成了《质量控制中的统计方法》，阐述了统计过程控制的原理。戴明博士和朱兰博士两位质量管理大师为质量管理理论的发展做出了不可磨灭的贡献，他们在 20 世纪 50 年代将现代质量管理理论引入日本，为日本制造业取得了飞速发展做出了巨大贡献。戴明的 14 条原则为组织的管理者进行质量活动指明了方向。戴明的观点认为，一个管理先进的组织，运用系统的理念，使用科学的方法来优化系统，用统计方法来控制和减少设计及制造过程中的变异性，从而产生均匀的、可预计的产品质量，达到改善质量改进的目的。戴明还将质量管理思想发展为一种知识体系，它包含系统知识、统计知识、理论知识和心理知识，进一步为组织管理者提供质量管理实践活动的理论基础。相比于戴明，朱兰更强调质量的整体控制，认为质量在内部需要做到便利性和可操作性，外部需要做到满足客户满意度要求，质量控制不是企业内部某个部门的职责而是企业的所有部门的职责，质量控制并非局限在企业内部而应该还包含零部件供应商，原材料供应商、客户、批发商、零售商等在内。朱兰认为质量要适合使用，所以提出了客户决定质量的理论。在其质量三部曲中朱兰将质量活动划分为质量规划、质量控制、质量改进。

质量管理理论传入日本后，促进日本制造业质量取得了巨大成功，当日本的汽车制造业在与美国汽车制造业的直接竞争中取得优势地位时，原本在美国不被重视的质量管理理论获得了广泛的关注和认可。在将戴明和朱兰的质量管理理论发扬光大的日本优秀人才中，石川馨提出了开发和推广质量管理的实用工具(B7 基本工具)，初步确定了全面质量控制(TQC)的质量哲学。田口玄一发明了田口方法，提倡运用统计技术进行质量管理。他认为任何与目标规范的差异都会导致损失，因此企业可以利用质量损失函数来控制其质量成本。田口玄一创建的实验设计(DOE)，将统计技术拓展到设计阶段。费根堡姆通过学习戴明、朱兰、田口玄一等人的理论以及研究质量管理在日本取得成功的方法提出了全面质量管理(TQM)的理念，使得质量管理理念从统计质量管理阶段进入全面质量管理阶段。将质量管理扩展到包括市场调研、产品设计、制定产品规格、采购管理、进料管理、生产过程管理、检验、测试、销售、售后服务等全过程管理。同时要求所有部门参与而不仅仅限于生产制造部门。全面质量管理还要求在产品形成的前期就建立质量管理,而不是让质量表现成为既定现实后再做质量的管理。

在20世纪80年代质量管理进入战略质量管理阶段,Ahire. S等(1996),认为质量已成为企业或者竞争优势的战略性武器。这一时期国际标准化组织制定并推行了ISO9000等质量体系。20世纪90年代初至今质量管理进入经营质量管理阶段。郁玉兵(2014),霍宝锋(2015)认为,这一时期特点是企业在追求内部经营质量管理卓越的同时逐步向外部管理拓展,形成了全面质量管理和整个供应链质量管理的态势。科学技术特别是电子信息技术高速发展,产品功能变得越来越强大,零部件和众多子系统进行高度集成,使得产品零部件的专业化分工变得越来越明显,企业管理从垂直一体化走向水平分工,质量管理也从传统的内部管理拓展到产品供应链的质量管理。David Frederick Ross 认为供应链质量管理可以看作是"全面质量管理的最后阶段"。

1. 供应商质量管理的发展历程

Robinson和Malhotra(2005)认为质量管理活动必须从传统的以企业为中心和基于产品的方式推进到跨组织供应链方式,包含客户、供应商和相关合作伙伴。Robinson和Malhotra发现尽管在全球的供应链管理中跨组织间的供应链质量管理活动能够为客户创造价值,但是供应链质量管理并没有获得足够的关注和理论支撑。如图2-2所示,Robinson和Malhotra总结了供应链质量管理的演变时间表和关注点并提出了SCQM的概念。供应链质量管理(SCQM)是对供应渠道中所有合作组织业务流程的正式协调和整合,用于评估、分析和持续改进产品、服务和流程,以便创造价值并达到实现满足市场中间和终端客户的目的。

图2-2　供应链质量管理(SCQM)的演变时间表和关注点

2. 供应商质量管理的国内外研究综述

1) 供应商分类管理

不同的供应商需要不同管理策略,企业面临的市场是多层次、多维度的,从低端到高端的全覆盖,导致企业的产品也必须是多样的,因而企业采购物资的成本、品质需求、服务能力也必然是多样的。林勇和马士华(2000)从增值作用和竞争实力两方面将供应商分为竞争性技术性供应商、战略性供应商、有影响力供应商、普通供应商。

在Kraljic模型的基础上,赵振锋等(2008)对供应风险和利润潜力两个维度的指标进行扩展和细化,结合因子分析,对采购物资维度指标进行量化和排序,确定了采购物资定位模型。这一定位模型相比ABC分类法更精确,但是,由于企业面临的环境是动态的,运用此定位模型时要根据实际情况进行调整才能获得合理的结果。

何方和紫石(2011)从分析物料对产品质量特性性能指标形成的影响、物料本身对存放环境的要求和物料存放风险3个方面提出了物料的分级别、分种类、分类别按阶段管理的方法,以期达到贮存无损坏,发放无错发、无混料,来源、去向可追溯的质量管理目的。

天晶(2014)提出从3个角度对供应商进行分类管理,按供应商提供产品或服务的重要程度分类,按供应商提供产品或服务类型分类,按供应商整体供货或服务能力评价分类来达到提高采购效率、优化经营管理的目的。

谢晓文(2014)基于卡拉杰克模型,从电网物资角度提出对电网物资供应商进行分类对应,实施差异化的供应商关系管理策略。

崔旺(2014)将ABC分类法与卡拉杰克模型结合运用于企业库存管理提高了库存管理的效率。吕晓永(2015)深入研究ABC分类法在库存管理中的作用,将ABC分类法运用于中小型连锁超市库存管理中,从销售额占总销售额比例及商品分类两个角度对库存进行管理,取得了积极的效果。

吴国秋(2015)根据汽车制造业的特点,从供应商距离远近及产品需求度大小的角度对汽车零部件供应商进行ABC分类。

王伟(2015)提出企业需要根据自身及供应商的特点及所处内外部环境,因地制宜地采用不同的供应商分类管理方法,供应商分类管理需要在双方长期合作过程中根据供应商绩效考评进行动态管理。

基于Kraljic的理论框架,Felipe Sanchez Garzon(2019)提出基于质量、价格和绿色供应链准则的供应商选择评价模型对化学品供应商进行分类。

2）供应商选择与评价

国内外在供应商质量管理研究方面主要集中在供应商选择与评价上。在供应商的评价指标方面，Dickson(1996)通过访问和问卷调查从众多的采购经理那里收集到的数据发现质量、成本、交货期是 23 个指标中选择供应商最重要的指标。Weber 等人扩展了 Dickson 的研究成果，通过对 74 篇有关供应商选择文献的分析发现：大多数文章中都提到了价格、交货期、质量和能力准则。Yahya 和 Kingsman 认为应该从 8 个关键指标和 13 个次要指标来评价供应商。其中，8 个关键指标分别是质量水平、响应速度、纪律性、交货能力、财务状况、管理能力、技术能力、生产设施。Sean(2007)提出供应商选择是指对供应商进行检查、评估和挑选，使之最终成为供应商组织的一部分的过程。石黎(2012)在对绿色供应商评价时建立了商业、环境、社会三个一级指标的评价体系。郭彬等(2015)将供应商评价指标定义为产品信息、供应商服务水平、供应商信誉、供应商合作稳定性、供应商发展潜力、环境保护能力、资源利用能力。马颖等(2015)从 7 个方面对供应商进行选择与评估，分别是质量、成本、交货、服务、技术、资产、员工与流程。其中质量、成本和交货是硬性指标，另四项是软性指标。尤筱玥等(2019)基于整车企业轻量化的设计需求，将选择绿色供应商作为主旨原则，分析并优化了整车企业对于供应商评价的关键准则和子准则，提供了清晰完善的供应商评价准则表来指导整车企业对供应商进行选择和评价。

在供应商评价方法方面创造性地运用美国匹兹堡大学 Saaty 教授提出的层次分析法(Analytic Hierarchy Process，AHP)为这些关键指标赋予权重实现对于供应商的定量分析。Tam 和 Tummala(2001)发现运用 AHP 法可以缩短选择供应商时间并使选择供应商过程系统化。康凯等(2002)借助"模糊聚类分析法"区分供应商整体管理水平，及时发现供应商存在的问题，提出改善建议，监控供应商执行改善措施，识别优秀供应商指导采购活动，为供应商分类管理提供依据。由于层次分析法依赖于专家判断，存在模糊和不精确因素，学者尝试使用模糊理论与层次分析法相结合的方式来减少层次分析法对供应商评价时的不精确因素。马士华等人(2002)利用灰色系统理论建立灰关联分析模型，为供应商评价与选择过程中指标权重的确认提供了有效的方法。有学者将 AHP 方法与线性规划方法相结合的方式用于选择最优供应商，Ghodsypour 和 O'Brien 利用此方法在供应商供应链能力和质量约束的情况下优化订单数量使得采购价值最大化。周卫标和段伟(2019)采用 FEAHP 模糊评价法和直觉三角模糊 TOPSIS 法对 B2R(商家对零售商)的绿色环保供应商进行评价。郑义健等(2018)针对企业在O2O(Online to Offline)模式下对工业品供应商进行评价的问题,提出线上、线下及线上线下协同三个方面建立评价体系并运用层次分析法对各评价指标赋予权重。也有学者从成本角度来评估供应商,Timmerman(1986)使用成本比率法,通过计算供应商所涉及的各项成本比例来选择供应商。Filip Roodhooft 和 Jozef Konings(1996)第一次提出活动成本法(Acttivity Based Costing,ABC)指导供应商进行评价和选择。

3) 供应商绩效

对新供应商的选择与评价决定了是否将供应商纳入采购方的供应链,供应商绩效则是在选择供应商后,对供应商合作期间的绩效进行评估。合作初期的供应商评价决定了是否合作,合作后进行的绩效评估则反映出供应商绩效表现的状态、趋势,为后续合作提供依据。

Neely 等(1995)认为绩效评估有助于一个组织评估其进程在有效性和效率方面的业绩。易树平等(2010)引入质量过程改进的方法设计了供应商绩效过程改进模型(SPM-PIM)对汽车零部件绩效进行管理,在实践中取得了显著效果,强调了供应商绩效管理过程中关注过程重于结果的必要性,重视与供应商的合作,通过 SPM-PIM 模型增强信息沟通和共享,寻找改进机会,达到持续改善过程管理能力提升供应商绩效的目的。

张小将(2014)将平衡计分卡运用于供应商评价,从财务、业务、顾客、学习与成长四个方面建立战略供应商绩效评价体系。南超兰(2014)提出从总运作成本的角度对供应商绩效进行评价,从采购价格、质量成本、提前期成本三个方面对供应商进行绩效考核,总成本越低的供应商绩效排名越高,从中可以筛选出绩效表现最好的供应商。Grant.M(2015)利用经调整的平衡计分卡(称为逻辑记分卡)对金融服务机构的外包供应商进行绩效评估并提出改进方案。付荣华(2016)从安全、成本、时效、信息管理和增值服务5个方面,运用层次分析法对当前跨境电商物流服务供应商进行绩效评价,为选择供应商提供依据。

供应商绩效管理还包含绩效管理过程中与供应商的沟通,Bleeke 和 Ernst(1993)认为沟通是企业间交易关系是否成功的最关键因素,如果没有良好的高频沟通,企业间的交易关系将会崩溃。彭勇(2010)通过研究发现采购方与供应商之间目标相关和工作相关的沟通对供应商整合有积极作用。赵建华和胡悦王(2015)认为供应链中信息共享机制能够大幅度降低供应链管理中的不确定性,可以降低甚至消除"牛鞭效应"。叶飞和徐学军(2009)通过实例研究发现信息共享与企业绩效呈正向关系。范迪(2017)指出,为了提高供应商的积极性,生产商与供应商签订质量激励契约,以投资水平作为传递供应商质量水平的信号,可以保证供应商提供产品的质量。

4) 国内外研究现状总结

供应商分类管理普遍采用 ABC 分类法,从企业自身需求出发在物资的价值、管理风险、供应能力等方面进行分类管理,也有不少运用 Kraljic 模型,从采购战略角度对供应商进行分类管理。将这两种分类方法直接运用于供应商质量管理的研究较少,特别是如何从质量管理视角对供应商或物资进行分类并制定相对应质量管理策略的研究较少。

供应商绩效管理活动中普遍存在重视评价项目的权重设计和评价结果,轻绩效管理过程。现代绩效管理认为,应当从过程角度出发衡量和管理业务过程绩效,才能实现绩效的改善和提升。

提高供应商质量管理水平涉及供应商的选择和评价、绩效评估、绩效沟通、绩效发展等方面,将这些方法综合运用于供应商质量管理活动中,相比单独关注某一项更能取得显著的提升效果。

(二) 供应商质量管理理论概述

1. 供应商质量管理的概念

供应商质量管理是指在完整的供应链管理系统中,对采购零部件进行质量控制的过程,其中包括对供应商进行选择和管理。供应商质量管理分为前期对新引入供应商的质量评价,量产前的先期质量策划,量产后对供应商质量绩效的管理和对供应商质量的持续改善。

2. 供应商质量管理的基本原理及实现方式

供应商质量管理出现问题时会影响采购企业的声誉,任何不对供应商质量进行有效管理的企业都会面临客户满意度不断降低、市场份额不断减少、采购成本不断增加和发生负面公共关系事件的风险。供应商质量管理的目的是要实现一流的供应商质量,图 2-3 描述了实现一流供应商质量管理的方法和途径(罗伯特·M.蒙兹卡等,2004)。这一方法途径由 3 个维度组成。① 执行的复杂程度:提高供应商质量水平需要的时间、技能、资源等,要获得的质量水平越高其执行活动的复杂程度越高;② 质量改善的期望值:由执行供应商质量改善活动的成功程度得出;③ 采购供应链管理水平:分为初级、中级、高级。

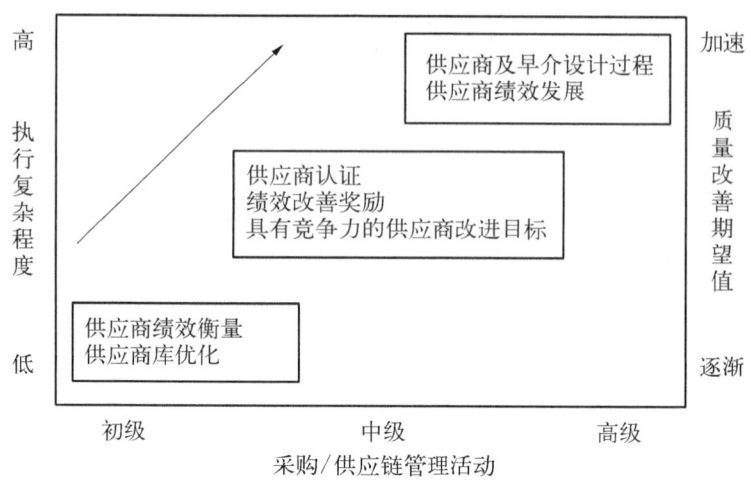

图 2-3 实现一流供应商质量

1) 优化供应源

优化供应源的目的是得到易于管理的供应商。供应源太少会带来对供应商过度依赖的问题,会降低采购者对供应商的话语权,甚至会带来供应中断的风险。同样,供应源过多将提高供应源维护的成本,分摊每个供应源的采购份额也将降低采购者在供应商端的话语权。采购者需要确定拥有多少家供应商与哪些供应商合作才是合理,合作的供应商每家分配多少采购份额才更合理,这就要求采购者对其供应源进行分析评估,保留对企业最有利的供应商,剔除对采购方不利的供应商。因此,企业需制定供应商质量绩效评估系统来考核其供应商质量水平,为制定供应商优胜劣汰机制提供依据。当现有的供应源不足以满足企业发展需要时,必须开发供应商质量评估系统来找到更优质量水平的供应商。大多数评估用 3 个标准进行——成本/价格、质量、交付,也说明这三个最关键也是影响最大。当对供应商进行更全面的评估时需要考虑的其他方面有:技术研发能力、品质管理能力、柔性交付能力、财务成本能力、风险控制能力、生产制造能力(罗伯特·B.汉德菲尔德等,2014)。供应商评价的方法有很多,包括线性权重法、模糊综合评价法、平衡计分卡法等。

2) 评估供应商绩效

供应商绩效考核不同于选择供应商的评估,这是一个持续进行的过程,作为持续改善的一部分对供应商履行其职责的程度进行评估。供应商绩效的设定要匹配企业采购战略,不同的企业着重点不同,其绩效评价的角度和内容也有所不同,但供应商绩效指标应该匹配企业采购战略需要。供应商绩效评估应该遵循 SMART 原则,即具体(Specific)、可度量(Measurable)、可实现(Attainable)、相关性(Relevant)、时限性(Time-bound)。供应商绩效通常包括采购价格或成本、质量合格率、准时交货率。

3) 提出有竞争力的供应商改进目标

质量管理的目的是让产品和服务满足或超过客户预期,采购方要求供应商通过开展质量管理活动消除浪费,以零缺陷为目标,持续改进其绩效。采购方期望其优秀供应商改进速度能够超过竞争对手供应商改进的速度,也会向绩效表现不好的供应商提出挑战性的绩效目标鞭策供应商改进。持续改进的目标是具有挑战性和可实现性的,未达到绩效目标的供应商在市场竞争中面临被淘汰的风险。淘汰绩效表现差的供应商意味着要对新加入的供应商进行评估、认证,采购方需投入更多的资源来确保新加入供应商的产品和服务满足要求,因而对现有供应商提出持续改进目标是非常有必要的。

4) 供应商认证

为确保供应商质量和能力满足采购方要求,采购方必须定期或不定期对供应商质量管理系统进行评估。供应商认证包括 8 个纬度:① 采购方企业质量标准要求;② 完善的品质管理体系;③ 专业的品控资源;④ 优秀的执行能力;⑤ 品质检验;⑥ 样品分析;⑦ 批量试生产;⑧ 来料检验。其中①到④是对供应商管理系统层面的认证,通常包含在供应商质量管理体系评估中,⑤到⑧是质量管理操作层面的认证。质量管理活动中强调的是全面质量管理(Total Quality Management,TQM)和先期质量管理。

(1) 先期质量管理

朱兰博士在《质量策划》(Planning for Quality)中提到,质量策划是"设定质量目标的活动以及开发达成这些目标所要求的产品和过程",朱兰博士(1999)认为质量不是靠检查获得,而是通过控制质量源头、改进系统来获得。先期质量策划(Advanced Product Quality Planning,APQP)应运而生,1999 年 10 月欧洲和美国的汽车零部件制造商向 ISO 国际标准化组织提交并获得批准通过了 ISO/TS16949 标准,随后在 2003 年和 2009 年两次更新版本并在 2016 年 10 月发布 IATF/TS16949 取代 ISO/TS16949。先期质量管理包括策划、产品设计和开发、过程设计和开发、产品与过程确认及批量生产阶段(图 2-4)。

(2) 生产件批准程序 PPAP

生产件批准程序(Production Part Approval Process,PPAP)是实现先期质

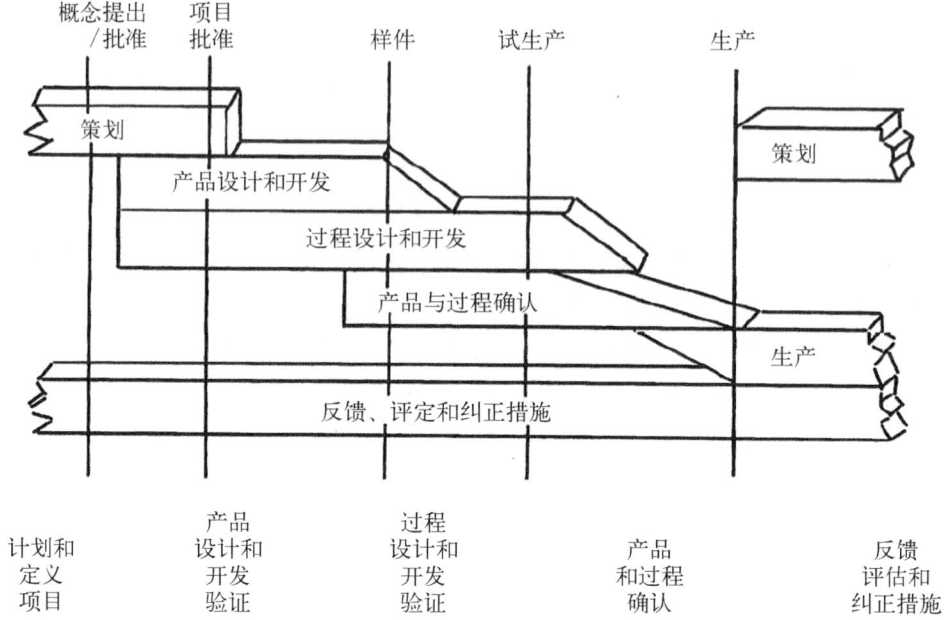

图 2-4 产品质量策划进度图表

量策划(APQP)的关键过程,在供应商质量管理活动中生产批准程序(PPAP)指供应商按照购买方的要求提交生产件并最终获得购买方批准认可的过程。它包括三个主要过程:① 识别购买方(对供方来说购买方即顾客)的要求,这些要求包括购买方订单要求、零件设计要求、过程设计要求、规范要求、物流要求等;② 供应商组织资源满足采购方要求,输出为合格的零件、文件或满足要求的其他交付物;③ 购买方批准,购买方确认供应商提交的零件、文件及其他交付物满足购买方要求,批准进入批量生产供货阶段。

(3) 供应商的分类管理

企业盲目追求高品质有可能导致成本和质量水平与产品定位不匹配,造成浪费。企业应该对不同供应商、不同物资进行区别对待,将有限的管理资源用在合理位置得到最优的质量管理结果,同时,避免片面追求最优品质导致的采购成本增加。供应商的分类管理包含三个方面。① 采购物资关键程度的分类管理:关键程度是采购物资对最终产品质量的影响程度;② 产品质量需求的分类管理:每种物资都需要制定对应的质量需求方案,涵盖了采购物资的先期质量策划、进料、制造为产品、出货给终端客户的整个过程,确定哪些物料需做到最优的质量合格率水平,哪些物料质量稳定性和合格率可以中等水平,哪些物料较低的质量合格率水平对产品的品质影响很小;③ 对供应商的分类管理:供应商的分类可以通过对供应的绩效评估进行分类,如按供应商绩效好坏分为 A、B、C 类供应商,也可以从采购策略的角度进行分类供应商,如使用卡拉杰克(Kraljic)模型对供应商进行分类。Kraljic 是首位将组合模型(Portfolio Models)引入采购领域的学者(Felipe Sanchez Garzon 等,2019)。Kraljic 从采购物资利润潜力和供应风险两个维度将采购物资分为战略物资、瓶颈物资、杠杆物资和一般物资(图 2-5)。

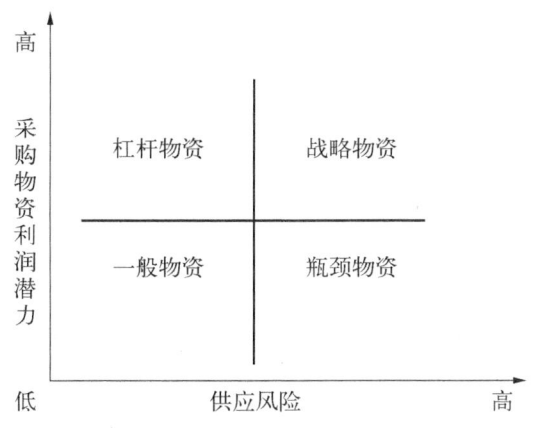

图 2-5　Kraljic 组合模型图

采购物资的利润潜力是指企业所采购的物料对其盈利性影响的程度,通常指的是采购价值,采购价值越高其价格波动对企业盈利的影响就越大。

供应风险是指从外部采购物料的获得程度,如果采购市场上有更充分的物料供应,企业切换供应商采购资源的可能性就越大,并且切换供应商的成本就会更低。

战略物资是指供应风险高采购价值占比大的物料。这类物料只能从很少的或者仅有的一家供应商采购,供应源的断货风险将直接决定企业的运营状况,同时采购价值的波动对企业采购成本和利润率影响大。与这类供应商应该开展战略性合作关系,例如日本本田公司在其发动机公司的股份投入、资源共享、共同产品开发形成的就是战略性合作关系。

瓶颈物资是指供应风险高但采购价值占比较小的物料。这类物料虽然价值占比较小,但物料的质量问题或者供应风险直接影响企业正常生产运营。管理这类物料需要和供应商建立长期紧密的合作关系。

杠杆物资是指采购数量大、价值占比大但供应风险低的物料。这类物料供应源比较多，供应源可选余地大，其采购单价的降低对企业利润贡献大所以称之为杠杆物资。采购这类物资时采购方处于优势地位，切换供应商比较容易，采购策略通常会采用低成本策略。

一般物资是指采购价值占比小、供应风险低的物料。这类物料对企业的生产运营和利润影响小，因而称之为一般物资。

5）提供绩效改善奖励

供应商绩效的提高意味着供应商提供了更高水准的质量和服务为采购方带来效益，绩效改善以双赢为目的，采购方需对供应商进行及时的奖励。奖励的方式通常有以下几种：① 利益共享的合同方式；② 多家供应商资源时绩效更好的供应商获得更多的采购份额；③ 优秀供应商的荣誉奖励；④ 提供长期稳定合作合同的机会；⑤ 新业务优先选择的机会。

6）供应商尽早介入设计过程

在设计阶段涉及到供应商的产品领域时供应商对于产品熟悉程度往往高于采购方，供应商对设计的参与能够缩短产品开发周期，利用供应商在专项领域的知识储备能够在满足技术要求的同时有效控制新产品的成本。在设计的参与过程中可以让供应商更能了解其交付的产品使用的环境及要实现的功能，使得供应商在质量控制的过程中与采购方要求保持一致，有利于提高供应商绩效表现。

7）供应商绩效发展

供应商绩效发展是指采购方利用其自身的资源对供应商进行改进的活动。不是所有供应商都适合绩效发展战略，企业需根据自身实际情况寻找那些绩效表现一般、存在明显改进机会、能够为采购方带来竞争力、愿意建立长期合作关系的供应商来开展绩效发展活动，比如对供应商进行培训、推广精益生产、分享技术、提供激励。对供应商开展绩效发展的活动具有一定的风险，意味着采购方对供应商资源投入不一定会获得回报，执行复杂程度、难度也最大。

三、S公司供应商质量管理概况与问题分析

本章主要对S公司进行概况介绍，列举在供应商质量管理实践中存在的问题，通过分析研究，将S公司实际概况与供应商质量管理理论相结合，提出优化方案并对其付诸实践，达到改善供应商质量管理的目的。

(一) S公司简介及面临的竞争环境

1. 公司简介

成立于1997年的S公司是一家中外合资企业,外资占比超51%,S公司主营业务为一、二次输配电中的中低压开关柜,包括气体绝缘开关柜及空气绝缘开关柜。合资外方为E集团,E集团为世界500强企业,年销售额约为240亿欧元,在全球100多个国家设有工厂或办事处,拥有员工140 000多人,在中国设有大约30家工厂,雇用28 000名员工。被收购后的S公司借助E集团强大的销售渠道和品牌影响力销售额一直保持两位数增长。

S公司几乎所有物料采购自下级供应商,年物料采购金额约为3.5亿元人民币,工厂只进行装配测试不对原材料进行加工作业,对供应商质量的依赖程度非常高。物料种类涵盖电气行业大多数物料包括钣金件、注塑件、机加工件、电气元器件及设备、标准件、特殊气体等。供应商来自全球约200家供应商,其中80%供应商在中国长三角地区。

2015年S公司开始推行E集团管理体系、管理程序及企业文化。组织架构随即发生变化,更换了大部分的管理人员,组织架构中采购团队并入E集团事业部的采购单元,向事业部采购副总裁(VP)实线汇报,虚线向工厂总经理汇报。质量团队和供应链团队实线向工厂总经理汇报,虚线向E集团各事业部副总裁(VP)汇报,研发团队由虚线向工厂汇报变为实线向工厂运营总监汇报,并入工厂工程部负责新产品设计开发及非标设计。

S公司的供应商管理涉及3个部门。分别是质量部、采购部、物流部。质量部设有供应商质量管理工程师(SQE)3人,供应商质量管理主管1人,进料检验(IQC)8人;采购部设有采购经理1人,采购工程师5人;供应链设有供应商供应链绩效改善工程师1人。其中质量部及供应链实线向工厂总经理汇报,虚线向E集团事业部质量及供应链汇报,采购实线汇报给E集团采购事业部副总裁(VP),虚线汇报给工厂总经理。S公司的组织架构图如图2-6所示。采购部对新入供应商进行预评估,组织质量部门、物流部门对新入供应商进行质量及供应链审核,通过审核后供应商进入合格供应商名录。采购负责向合格供应商就购买物料进行询价,确认采购价格后进入正常采购流程。质量部负责对新采购物料进行样品认可批准,样品批准后采购物料进入量产阶段。量产物品经过IQC检验后进入装配生产线组装成品后出货给客户。质量部对供应商质量表现进行管理,物流部对供应商交货表现进行管理。

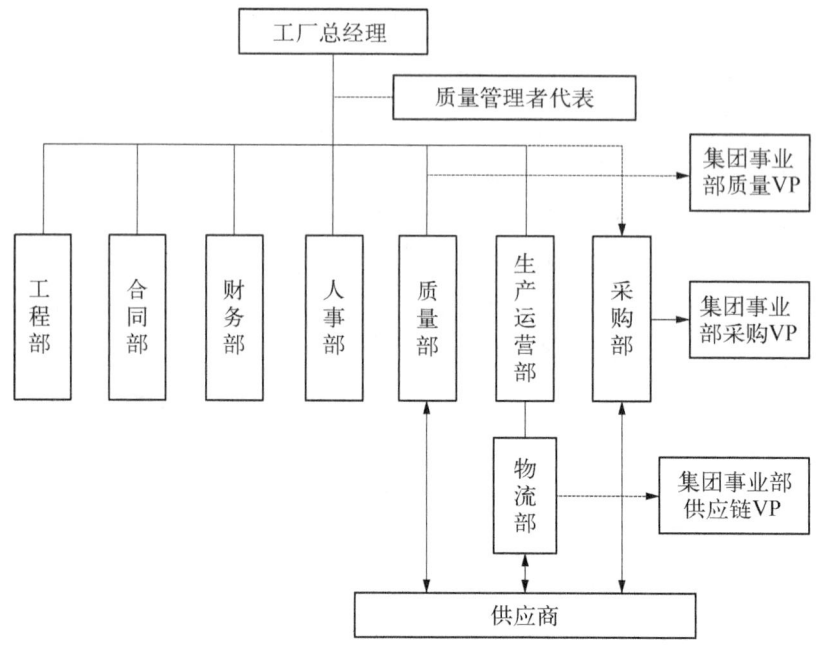

图 2-6　S 公司组织架构图

从这个组织架构图中可以看出，采购部门不与生产工厂直接相关，E 集团对供应管理的理念是从全球化角度管理供应商，以便最大程度整合供应商资源，而不是各分公司各自为战，各自管理自己的供应商。随着 S 公司采购团队并入集团采购团队，统一管理供应商资源被提上日程，提供了更多的供应商选择权及提高了议价能力。

2. S 公司产品特点

S 公司的产品主要有以下两个特点：

(1) 客户定制化表现为小批量多品种，每一个项目的合同都需要经历编写标书、投标、竞标、中标流程。每一个合同的执行都需要对客户需求进行少量的一次线路设计及大量的二次线路设计，输出的是完全定制化的产品。导致每个开关柜的二次控制不同，一次回路组合不同，给合同设计带来非常大的挑战，对供应商的交货提出了很高的要求。

(2) 一、二次配电的中低压开关柜技术发展缓慢，各竞争对手间设计水平差异不大，即使是 S 公司深耕于传统输配电行业，其大部分畅销产品都停留在国外 20 世纪八九十年代水平，虽然国产产品起步较晚，但通过学习借鉴其产品技术水平已经与国外差别不大,特别是通过国家层面的技术攻关,关键元器件的质量水平已经与国外无明显差异。这种局面造成中低压开关柜行业面临技术门槛低,价格竞争激烈,品牌优势不明显,资金回笼复杂的"红海"阶段。

3. S 公司面临的竞争环境

为了更好地描述 S 公司所处的行业环境中的市场压力、成本压力、竞争压力,此处使用波特五力分析模型法进行分析描述。

波特五力分析模型由迈克尔·波特(Michael Porter)在 20 世纪 80 年代提出,用于对行业或企业的竞争战略进行剖析,有效地识别自身、客户及竞争对手所处的环境。五力包括:潜在新进入者进入行业的能力,购买方议价的能力,替代产品或服务的替代能力,供应商端的议价能力,自身与现在行业竞争对手的竞争能力。这五种竞争力的各自水平以及综合五种竞争力的整体态势可以评估出企业在所处行业中的竞争能力和盈利能力。通过了解这些能力能够制定相对应的企业发展战略,获得更大的行业优势,见图 2-7。

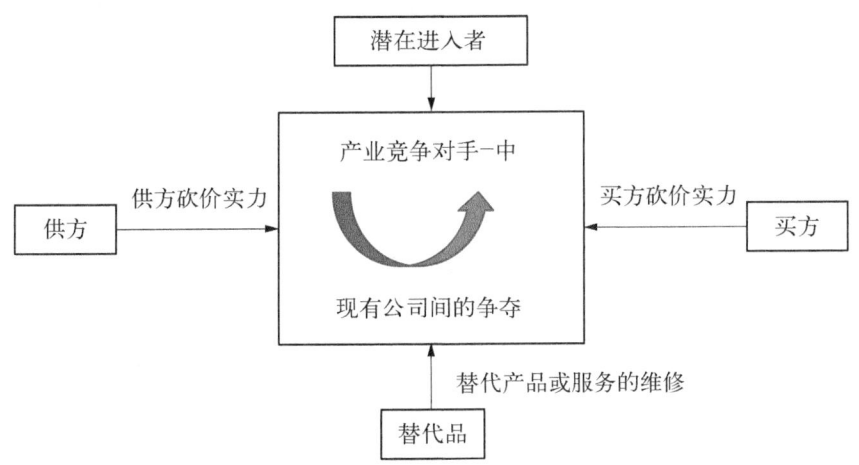

图 2-7 波特五力分析模型图

(1) S 公司面临着潜在进入者的竞争,S 公司竞争强度为中等

S 公司所处的行业产品技术壁垒低,国内很多畅销的产品还在使用国外 20 世纪八九十年代的技术,与此同时产品的更新换代速度非常慢,产品的同质化严重,产品的技术参数和生产工艺在行业内几乎没有什么秘密,导致技术壁垒很低。产品的上市许可只需要通过第三方机构认证合格即可,在技术符合参数要求的基础上拿到上市许可也变得比较容易,这对潜在进入者也无法形成壁垒。

只有在一些关系到国计民生的关键项目上,如核电、高铁、地铁项目上,采购方会对中低压开关柜生产商提要求较大的生产规模,要求生产商业内质量和口碑表现好,产品设计盈余较大,公司承担有限责任能力强等,但在绝大部分的项目上对潜在进入者无法形成规模壁垒。有些中压开关行业新进入者从代工企业起家,通过给行业领先品牌代工掌握成熟的生产工艺,在获得客户资源的同时积极发展自主品牌,侵蚀原行业企业的市场份额。另一方面在政府集中采购额占总市场规模70%的情况下,同等水平的产品,政府招标采购政策向国内国企和民营企业倾斜,使得在国内新进入者打通终端市场业务后比S公司更具有政策优势,大多数国内的新进入者从劳动力水平较低的中西部地区发展起来,往往更具有成本优势和接近地区的市场优势,在这些方面新进入者对S公司都造成了很大的威胁。S公司与潜在进入者的竞争强度为中。

(2) 购买方的议价能力较强,S公司与购买方的议价能力较弱

政府采购额占国内总市场规模的70%,政府采购采用的是集中招标,多家供应商同时投票竞价策略,市场透明程度高,中压开关企业与政府的议价能力低,在一些特殊项目上,外资或合资品牌有一定的品牌溢价,但相同品牌价值的竞标中同时存在5~6家之多,产品标准化程度高,购买者对价格敏感,S公司与购买方的议价能力整体较弱。

(3) 替代产品或服务的替代能力较弱,S公司的产品被完全替代的可能性小

中压开关行业技术革新较慢,产品大同小异,空气绝缘柜和气体绝缘柜是主流产品,有一种发展趋势是使用固体绝缘,但由于产品本身的局限性以及未制定统一的标准始终未能大面积推广,在固体绝缘柜方面S公司有一定的技术积累,产品被完全替代的可能性较小。竞争对手中也有一些体积更小功能相当的产品出现,但新产品往往价格比较难控制,短期内S公司的产品被完全替代的可能性小。

(4) 供应商端的议价能力弱

S公司很多产品设计来自集团在国外的兄弟公司,在实施了绝大部分的本地化后由于战略和成本采购规模等原因部分关键物料未实施国产化,这些未实施国产化的关键物料依赖进口,有一些甚至是直接从兄弟工厂购买,对于这部分物料的供应商S公司几乎没有议价空间。S公司在国内采购的一些关键元器件被少数企业控制,例如真空断路器等,对于这部分对产品成本影响较大的原材料采购,S公司的议价能力弱。S公司在本地采购的一些机加工件和钣金件、冲压件、注塑件等相对于汽车、白色家电、3C产品行业等行业呈现出品种多、批量小、

质量要求高的特点,导致S公司和供应商的议价能力较弱。

S公司产品的小批量多品种客户定制化特点,要求供应商必须具备很快的供应链响应能力、很强的质量控制能力,对供应商的资质及综合能力要求较高,这导致在更换供应商时约束较多,增加了更换供应商的成本也导致了与供应商的议价能力弱。

(5) S公司与现在行业竞争对手的竞争能力弱

随着近几年国家基础建设投资规模逐年放缓以及房地产行业发展步伐放慢,中压开关行业面临产能过剩的风险,竞争越发激烈。S公司作为外资合资公司,产品技术在与其他外资公司和国内公司的产品技术竞争时并没有明显的优势。经过近几年的发展,特别是下级物料供应商的资源趋于一致的情况下,国内企业产品质量已经可以与外企产品质量不相上下,客户对其品牌认同感越来越小。在国内市场竞争中,国内企业在与客户的互动和联系中优于外资和合资企业,在这方面S公司不具备竞争优势。同样国内企业产品从地域位置和管理成本角度上看优于S公司。S公司在与国内企业进行成本竞争中没有竞争优势,竞争能力弱。

波特五力分析表明S公司正面临充分竞争的销售市场,客户要求更低的价格、更优的产品品质和服务,与之相矛盾的是在供应商端的议价能力低,S公司要想提高竞争力,提高供应商质量管理的水平是有效的途径之一。

(二) S公司在供应商质量管理中存在的问题

2014年,S公司有42.3%的客户投诉是由于供应商质量问题导致,有涉及35家供应商150多个电子元器件在客户端出现了质量问题。供应商质量问题对S公司生产运营的影响同样严重,有一个关键零部件出现了12%的不良率,造成一款主打产品因为缺少合格零部件而无法准时向客户交付的问题。S公司尝试增加进料检验人员、提高检验强度的方法,但收效甚微,迫切需要采用实现一流供应商质量的理念,从供应商评估、供应商绩效管理、采购物料认证、供应商分类管理等方面找到质量问题背后的真正原因。

1. 供应商分类管理的问题

S公司对供应商采用粗放的"一刀切"的管理方式,未对供应商进行分类管理,未区分哪些供应商是优选供应商,需要在订单、交货期、财务上给予一定的优待,哪些供应商是需要辅助其发展的,哪些供应商是需要有计划逐步淘汰的。在对采购物料的质量管理方面未对物料的关键程度进行区分,没有区分哪些物料需要重点投入人工和技术对供应商质量进行管理。S公司未对其采购的物料进行品质需求分类,没有识别出哪些物料品质必须表现优良从而匹配优秀的供应商和严格的质量管控手段。S公司未识别哪些采购物料稍有瑕疵也不影响产品功能实现和客户使用,实际上这些物料对应的供应商水平和物料质量控制水平可以相应降低。S公司所处行业处于整体竞争状态,已经进入"红海",成本竞争非常激烈,对物料的采购成本非常敏感也极其关注,但在采购实践中出现了两种极端现象,一是采购部门在片面追求低采购成本过程忽略了质量要求。二是质量部门追求零缺陷,过度质量的追求造成质量成本的增加。这两种情况都对供应商的质量管理活动产生了不利影响。

2. 供应商评价的问题

(1) S公司的供应商管理比较粗放,没有供应商质量评估体系,没有供应商的准入和淘汰机制,是基于低价格和技术可行性的采购策略,这导致供应商的质量体系参差不齐,有些供应商质量人员不具备读懂英文图纸的能力不了解质量术语,有些供应商没有建立 ISO 9001 质量体系,没有体系程序文件可以遵循。质量管理能力差的供应商进入采购合格供方目录中,造成了大量的进料不良、生产过程不良、客户投诉,带来了质量风险。有些质量问题在客户端运行初期还未显现,但会给客户带来很大的潜在质量风险。

(2) 一方面在对供应商评价时,仅仅依据 ISO 9001 证书作为合格供应商准入门槛无法满足实际质量管理的需求,ISO 9001 发证机构对供应商的要求存在一定程度的参差不齐,业内对 ISO 9001:2008 普遍的认识是太强调文档工作而忽略了实际质量管理运营作业。另一方面 S 公司没办法直接指定一家认证机构对供应商按照 ISO 9001 对所有供应商进行审核,那样会带来诸如审核资源、审核费用的问题。

(3) 并入 E 集团后,E 集团提供了一套供应商质量体系评估程序。但未开始实施,具有对供应商质量体系评估资质的供应商质量工程师(SQE)只有 1 个人,无法立即大范围展开对供应商的评估,导致大部分供应商没有评估状态,无法指导采购工作。

(4) 缺乏对供应商物流的评估,供应商质量管理和供应链物料管理是供应商管理的两个重要支柱。在供应商管理实践中,质量问题将造成供应商产品交付出现问题,如果供应商的供应链管理存在问题,比如存在产能瓶颈,仓储不符合质量要求,同样会影响到供应商产品质量。如果供应商端的交付出现问题只是简单地要求供应商质量管理人员和采购人员进行处理却不能找到供应商物料问题的根本原因,那便还是无法站在供应链的视角上对供应商进行管理来满足供应商物流要求。

（5）从供应商的发展角度来看，未对供应商质量管理体系进行评价，就无法知道供应商存在的问题，无法找到持续改善供应商质量体系的着力点，这将导致涉及到体系层面的质量问题无法开展改善工作。日常的质量活动中，对不合格品的处理，如果是质量风险小，影响范围小的物料一般以通知供应商换货来处理，如果出现了风险较大的质量问题，影响范围大，成本损失大，影响到产品关键功能特性，是会启动8D(Eight Disciplines Problem Solving)来要求供应商改善，8D通常会要求供应商提供操作层面和质量管理系统层面的改善措施，在大量的改善活动中，体系的问题通常涉及例如为什么管理层不支持，为什么未做出货检验，为什么检验员工无检验资质。质量管理能力弱的供应商提供的改进方案往往答非所问，因为为了一个物料问题去解决一个供应商质量体系问题总是会让SQE心有余而力不足，找不到行之有效的办法。所以说对供应商质量管理体系的评价可以发现其不足，从而提出有针对性的改进办法，达到持续改善的目的。

3. 物料认证的问题

（1）S公司在并入E集团之前没有生产件批准程序(PPAP)，由技术部门完成设计后对供应商制作的样品进行简单测量，随即进入产品批量生产，未充分识别对采购物料的要求，未充分验证采购物料是否满足要求，未对样品认证过程进行文件化和标准化。尤其是影响产品性能的关键的物料在样品验证阶段缺乏必要的评估、验证，给批量生产带来质量隐患。

（2）如果要推行生产件批准程序(PPAP)，将面临如何在短期内执行PPAP流程的问题，涉及几千个料件的认可批准，由于人员、资源有限，无法在短期内实施，在供应商端由于不会影响其订单和绩效，对于已经量产的产品供应商便不愿意再投入人力物力来完成产品认可来约束自己的产品质量。

（3）很多物料在采购了若干年后，S公司仍然还在和供应商讨论技术要求，质量控制要求，物流包装运输要求，例如某份图纸上只备注了一个S公司的通用机加工尺寸公差标准，当发生质量问题时发现供应商根本不知道这个通用公差标准的具体要求，也未收到过这份公差标准，如果有PPAP流程这种情况就可以避免。

4. 供应商质量绩效管理的问题

S公司没有对供应商质量进行绩效考核，不知道供应商的绩效水平是否符合S公司运营的需要，以年度采购金额排名第三位的金属加工供应商HY公司为例，由于HY公司出现过一次严重物料质量问题影响到S公司的正常生产计划,S公司生产运营部门希望削减HY公司的采购金额,从而减少其质量问题对公司的影响,但采购部门认为HY公司的供货数量大、种类多,比其他金属加工供应商表现更优,不建议削减。由于没有一套标准的、统一口径的绩效统计方法,S公司没办法对多个供应商进行比较。

S公司没有建立与供应商进行质量绩效沟通的机制,评估供应商质量绩效不是目的,目的是与供应商进行绩效目标沟通,即时地对供应商进行绩效考核并反馈给供应商,对供应商提出改进方案,评估改善结果,达到持续改善供应商质量绩效的目的。S公司的供应商对自身产品质量绩效表现不了解,往往只有与客户有经常性沟通的一线人员知道自身产品的质量表现,供应商的质量经理及其管理层并不知情。供应商管理层不清楚诸如质量不良退货、返工、索赔罚款等情况到底会给自己公司带来多大的业务风险和负面影响。

(三)S公司供应商质量管理中存在问题的原因分析

本篇结合实现一流供应商管理的理论,从S公司在供应源管理、供应商分类管理、供应商认证、绩效管理、全面质量管理、持续改善等方面分析S公司在供应商质量管理中存在问题的原因,本篇认为造成这些问题的原因主要有以下几个方面。

1. 落后的供应商管理理念

S公司一直沿袭以往的供应商管理方法,当内外部环境发生变化,对供应商质量管理提出更高的要求时,S公司没有及时发现并改进供应商质量管理的方法。S公司仍然按照经验来管理供应商质量,而不是从系统管理的角度并参照现代高效的管理理论来开展供应商质量管理活动。

2. 未对供应商进行分类管理

用于供应商管理的资源投入都是有限的,S公司的直接物料供应商有200多家,对这么多家供应商同时展开质量管理水平的改善,从目前供应商质量管理工程师(SQE)的人力资源上无法满足。200多家供应商的供货能力参差不齐,有些供应商提供的物料品种和数量很少,对S公司的产品功能影响也很小,同时其质量体系完善、质量表现也很好,没必要投入大量的人力来对其进行进一步的质量改善。如果不加区别地对待所有供应商,要么出现整体管理不到位的情况,要么出现管理资源的严重浪费。S公司未利用供应商管理中的分类管理方法,合理分配资源,从而实现供应商分类管理、采购物料重要程度分类管理和采购物料品质分类管理。

3. 未评估供应商质量管理体系

S公司不知道如何对供应商进行评价，新供应商引入时以供应商提供的样品是否满足使用为判断依据，根据直观感受来确定供应商，没有量化评估供应商的指标，没有标准的流程、程序来指导供应商评价的工作。评价供应商的工作主要在采购部门，涉及评价供应商的质量管理水平时SQE没有参与，而后期的供应商质量问题持续改善却需要SQE处理，对一些质量管理水平非常差的供应商去投入人力和财力对其进行改善是一种浪费。所以在供应商评价时需要质量管理部门参与，让质量管理部门对不符要求的供应商有否决的机会和权力。S公司没有利用供应商评价来优化供应源，通过建立合理的评价方法来保留对企业最有利的供应商，剔除对企业不利的供应商。

4. 未建立物料认可流程

在物料认可方面，新物料由于没有采用生产件批准程序（PPAP），导致整个物料认证过程没有程序化、标准化，谁应该参与以及参与的人员职责定义不清，样品认证的输入和输出没有匹配实际生产需求。已经使用的物料特别是一些关键物料，由于没有经过生产件批准程序（PPAP）导致其技术要求没有经过严格评估，其品质控制要求没有经过合理的规划导致在批量生产时出现很多问题。

5. 未对供应商绩效进行管理

由于没有绩效管理的理念以及不知道如何对供应商进行绩效评估，导致S公司没有实施供应商绩效管理。如果无法识别出绩效好的供应商和绩效差的供应商，企业就无法实施差异化的供应商管理策略，例如对于绩效好的采购方可以加强与其合作，对于差的供应商可以利用有限的资源针对其开展改进活动。

由于S公司与供应商没有建立绩效管理的沟通机制，导致供应商都不清楚其绩效目标和绩效状态，没有为持续改善自身的绩效创造条件。供应商绩效管理是将公司的持续改善的质量管理方法向前延伸到供应商端，质量的提高是没有止境的，当公司设立供应商质量水平持续改进的管理目标时，会自主地使现在供应商质量管理工作进入PDCA循环中，从而产生评估现状并制定改进计划、执行改进计划、检查执行计划的结果、将行动标准化并进入下一个循环的动作。由此可以看出持续改善是一个动态的过程，应根据不同的供应商制定不同的优化策略，公司的持续改进目标要求在供应商端呈现为质量管理体系提高的输入，供应商的质量表现是公司在供应商质量管理活动中的结果输出。供应商的绩效管理是动态的，包括与供应商进行目标沟通，实时地考核以及提供改善要求，达到优胜劣汰的目的。

四、提高 S 公司供应商质量管理水平的对策研究

（一）提高 S 公司供应商质量管理水平的指导原则

为了达到提高 S 公司供应商质量管理水平的目的，应当遵循以下四点原则。

1）系统性原则

现代的供应商质量管理理论及实践证明，提高整个公司的供应商质量管理水平已经不是提高某一个要素就能够达到或者提高某一个部门绩效就能够实现的，也不是在供应商端简单地投入资源，下大力气就可以实现的。供应商质量管理是全员参与、全供应链整合，综合内外部所有因素才能实现的有效的管理。从波特五力模型可以看出 S 公司的竞争力水平一般，S 公司面临的竞争压力是非常大的，特别是控制采购物料成本方面，在面临市场价格"红海"战的同时控制住原材料的质量和成本，是公司发展战略中非常重要的一部分。从这方面讲，就特别需要从管理系统层面来评估提高供应商质量管理水平的投入和产出，解决方案必须是低成本和高效益才符合现阶段的管理需求。质量的预防、鉴定等管理活动是有成本的，如果质量人员过度追求质量，采购人员过度追求最低的采购价格而忽略供应商的质量管理能力，如果物流部门只要求交货及时而牺牲质量，都不利于达到供应商质量管理水平提高的目的。S 公司在制定供应商质量体系评估时应该从系统的角度评估供应商，从综合指标的角度找到最符合 S 公司采购战略的供应商。质量管理活动中找到根本原因才能解决质量问题，如果根本原因没找对，质量问题还会再次发生。质量问题背后通常存在两个根本原因：一是操作层面的原因，例如生产人员为什么会生产出不良品，检验和质量控制过程为什么没发现不良品从而导致不良品在客户端出现，造成了客户损失和公司损失；二是管理系统层面的原因，例如为什么现在的生产和质量系统会造成不良品的产出，是生产工艺流程的问题还是人员培训系统的问题，或者是质量抽样方法的问题等。解决一个质量问题需要提高到系统层面综合考虑，同样的，解决大量的质量问题也需要从系统上综合考虑，这样才能提高整个供应商质量管理的水平。

2）标准化原则

在供应商评估中遵循标准化原则，所有的供应商应该使用统一口径的评估工具。在供应商的改善过程中也应该采用标准化的评估工具来评估供应商的变化是积极向好的还是消极向差的。

在供应商绩效考核中同样必须体现标准化的原则，供应商在时间轴上的绩

效表现只有用统一的评估标准和规则才能得到有意义的考核结果。例如在统计供应商供货数量时,如果一开始使用重量单位来统计总供货数量,后续的考核中也应该以重量为单位而不能变更为例如用数量做单位。

S公司制定的供应商质量管理改善措施需要做到标准化,例如操作流程的标准化可以提高操作的稳定性和延续性,不因为人员的变化而变化。

3) 可操作性原则

不同供应商之间都有着差异,在制定供应商质量管理改善方案时需要综合考虑制定可操作性的措施,同一个措施不一定适用于两家存在差异的供应商。在制定内部的流程程序或改善方案时需确保其可行性,避免行动与方案不一致,影响执行的效果和执行人员的积极性。

4) 突出重点、分类管理原则

识别关键供应商,识别对采购活动影响最大的供应商,例如排列在前20%采购金额的供应商,排列在前20%产品数量的供应商,对产品关键性能影响排名前10位的供应商,客户投诉排前五位的供应商等,通过识别出这些影响最大的供应商或者称之为关键供应商,在管理资源有限的情况下,分类识别、优先对这些供应商进行管理和实施改善,将会得到高效率的结果。在持续改善滚动的PDCA流程管理理念下,每一次都能识别出关键问题点,并对其进行改善,每一轮的识别和改善将使得影响产品质量的问题点越来越少、越来越靠近最优的质量目标。

(二)提高S公司供应商质量管理水平的思路

为了达到提高S公司供应商质量管理水平的目的,将依照以下四点思路来进行。

1) 对供应商进行分类管理

要在有限的管理资源下实现以上四点还需要运用ABC分类法对S公司供应商进行有效分类,通过量化的工具来识别对S公司来说影响最大的供应商,突出重点,将有限的供应商资源投入到最需要的供应商身上,补短板,实现公司效率最大化。运用Kraljic模型对供应商采购物料进行分类,并针对不同的物料制定相适应的品质政策。

2) 建立供应商评价系统

制定统一的、综合的供应商质量管理评价系统,对新入供应商和现有供应商进行评价,在选择或淘汰供应商时提供参考,达到优化供应源的目的。结合S公司的实际状况选择适合的评价方法。

3) 建立物料认可流程

采用生产件批准程序(PPAP),制定物料认可流程,对物料认可的全过程进行管理,确保供应商了解采购方的工程设计和规范要求,确保供应商具有稳定的生产制程能力可以生产出采购方需要的产品。

4) 对供应商进行绩效管理

制定供应商绩效评估流程,动态管理供应商绩效。结合供应商体系评估,为企业增加或减少供应商业务提供支持从而达到持续改善供应商绩效的目的。建立供应商沟通机制,加强供应商质量绩效控制。赵建华和胡悦王(2015)认为供应链中信息共享机制能够大幅度降低供应链管理中的不确定性,可以降低甚至消除"牛鞭效应"。叶飞和徐学军(2009)通过实例研究发现信息共享与企业绩效呈正向关系。与供应商建立有效的沟通机制将有利于提高供应商质量管理水平。与供应商在质量体系审核要求、质量表现、产品使用上的沟通将有利于提高供应商质量绩效水平。

供应商评价、物料认可、绩效管理这三项的关系如图2-8所示,这三个事项是循序渐进的。

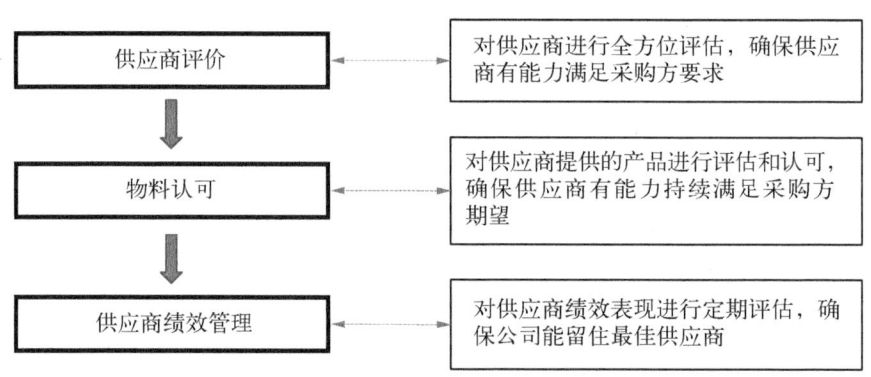

图 2-8　供应商质量管理流程图

(三) 提高 S 公司供应商质量管理水平的措施

本篇结合 S 公司现阶段面临的内外部竞争环境和 S 公司供应商质量管理现状,从 S 公司存在的主要问题入手,在分析了问题产生的根源后针对性地制定了相应的优化措施。

1. 对供应商进行分类管理

1) 对供应商进行分类

由于 S 公司供应商总数超过 200 家,管理资源有限,按照突出重点原则,使用 ABC-XYZ 矩阵法将 200 家供应商分成三个等级。

ABC 分类法(Activity Based Classification)又称"帕累托分析法"或"柏拉图分析法",多用于库存管理。ABC 分类法根据实物在经济、技术等方面的主要特征,进行分类排序,从而实现区别对待区别管理的一种方法。分清主次,将管理对象划分为 A、B、C 三类。

对于 S 公司来说,按年采购金额标准将 200 多家供应商区分为 A、B、C 类供应商比较合理。A 类供应商提供的产品单价高、采购数量大,在采购成本中占大;B 类供应商提供的产品为相对标准化产品,其生产工艺普通,采购数量较大,采购成本占比低;C 类供应商提供的产品数量小、购买频次低、单价低,采购金额占比小。A 类供应商约 30 家,占总供应商数量约 15%,其年采购金额约占 S 公司年总采购额的 70%;B 类供应商约 90 家,占总供应商数量 45%,其年采购金额约占 S 公司年总采购额的 20%;C 类供应商约 80 家,占总供应商数量 40%,其年采购金额约占 S 公司年总采购金额的 10%。

根据采购物料的关键程度及其质量失效对使用产品的终端客户造成影响的程度将供应商区分为 X、Y、Z 类。判定为 X 类的物料有以下特点:对产品电气性能有直接影响的集成组件的物料,产品的质量失效将导致最终成品的功能失效。如电气相关的导电贵重金属,不锈钢焊接气箱,电流、电压感应器等。判定为 Y 类的物料有以下特点:相对标准化的产品,采购单价较低,对最终成品性能影响较小。例如注塑件,紧固件,钣金件,环氧绝缘件等。判定为 Z 类的物料有以下特点:物料的质量表现对最终成品功能影响很小,物料的质量失效不影响终端客户的使用。例如标准件、包材、耗材、辅助材料等。

S 公司的供应商 ABC-XYZ 矩阵分类如表 2-1 所示。

表 2-1 S 公司供应商 ABC-XYZ 矩阵分类

年度采购金额 \ 关键程度	X	Y	Z
A	采购金额高、关键零部件、质量失效对客户影响大	采购金额大、较关键零部件、质量失效对客户有一定影响	采购金额大、非关键零部件、质量失效对客户影响小

续 表

年度采购金额 \ 关键程度	X	Y	Z
B	采购金额中等、质量失效对客户影响大	采购金额中等、质量失效对客户有一定影响	采购金额中等、质量失效对客户影响小
C	采购金额小、质量失效对客户影响大	采购金额小、质量失效对客户有一定影响	采购金额小、质量失效对客户影响小

通过对S公司供应商进行ABC-XYZ分类,在兼顾采购金额和质量风险的情况下,可以清晰地将供应商分为三个层级并制定相应的质量管理策略。

(1) 第一层级供应商:AX,BX,AY。定义为关键供应商,对供应商进行至少每年一次的质量体系审核。供应商质量体系需达到合格供应商标准,未达标供应商需要控制采购规模,寻找可替代供应商并逐步淘汰。制定供应商质量合格率目标,统计并跟踪供应商月度质量表现,每月向公司内部及供应商管理层通报质量表现数据和质量数据趋势及重大质量问题。审核供应商物料样品认可计划,对关键零部件未完成样品认可物料补做样品认可。对物料实施100%进料检验及出货前测试。

(2) 第二层级供应商:AZ,BY,CX。这类供应商需制定质量合格率目标,统计并跟踪供应商月度质量表现。重大质量问题向供应商管理层通报。进行3年一次供应商质量体系审核,逐步淘汰未通过质量体系审核且质量表现差的供应商。对物料进料实施抽样检查。

(3) 第三层级供应商:BZ,CY,CZ。这类供应商需制定质量合格率目标,统计并跟踪供应商月度质量表现。

2) 对采购物料进行分类

集中资源对物料进行分类管理也是有必要的。如表2-2中S公司物料ABC-XYZ矩阵分类所示,此矩阵可以识别出对客户影响最大、需要优先管理的物料。分别从物料关键程度及供应商质量表现两个维度来识别零部件对客户的影响程度。物料的关键程度体现了物料对总装成品功能影响的程度以及产品交付后对客户造成的安全及功能影响的程度,X、Y、Z分别代表质量关键程度的低、中、高;供应商的质量表现体现了供应商质量控制能力,A、B、C分别代表供应商质量表现的好、中、差。如果供应商质量能力差却提供了关键零件,优先对这些物料进行管理,排查供应商在产品生产中存在的质量风险,及时制定补救措施,确保此类供应商可以持续提供满足法规、技术、质量要求的物料。

表 2-2 S公司物料 ABC-XYZ 矩阵分类

供应商质量表现 \ 关键程度	X	Y	Z
A	非关键零部件质量表现好	普通零件质量表现好	关键零部件质量表现好
B	非关键零部件质量表现一般	普通零件质量表现一般	关键零部件质量表现一般
C	非关键零部件质量表现差	普通零件质量表现差	关键零部件质量表现差

通过对S公司采购物料进行 ABC-XYZ 分类,将物料分类为以下3类:

(1) 第一梯队的物料:CZ,CY,BZ。客户影响最大、需要优先管理的物料,其中 CZ 质量控制能力最差的供应商在生产最关键的零件,是紧急需要改善的物料。

(2) 第二梯队物料:AZ,BY,CX。这些物料的质量表现对客户有一定程度的影响,虽不是最紧迫需要改善的,但却是需要持续监控的物料。

(3) 第三梯队的物料:AY,BX,AX。这些物料的质量表现对客户影响较小,在资源有限的情况下可以不对其进行更多的管理资源投入。

3) 对采购物料的质量进行分类管理

从采购物料的成本角度看,追求最低价格的采购策略并不适用于全部类型的供应商。尽管在实践中为了规避最低采购价格带来的商业风险,很多公司会和供应商签订采购协议、质量协议等约束性文件,但供应商在获得极低的利润情况下,无法投入更多的资源对产品进行持续改善,在与客户的配合意愿上也会降低。在一些关键零部件上,缺乏供应商的配合意味着任何超出协议的要求都会被拒绝,特别是技术难度大、没有替代供应商的物料,随时都可能面临涨价和供应波动的风险,一些质量纠纷也可能得不到积极的回应,增加了隐形的成本。

对于超过 80% 物料都是采购自供应商的S公司来说,优秀的供应商质量绩效有助于减少S公司管理原材料质量的成本,同时提高S公司产品在客户端的质量表现,减少客户端的损失成本,但从采购成本的角度看,优秀的供应商的产品销售价格往往都不是最低的。最低采购价格的供应商往往具有这些特点：质量控制水平较低，质量沟通能力不强，质量损失的概率大；需要采购方投入大量的检验人员来预防质量问题的产生，例如提高来料检验水平，加大供应商端的质量体系审核，增加过程检验避免原材料质量问题影响最终成品质量等。

质量成本指的是企业为了确保产品或服务满足规定的要求所支付的费用，以及在没有满足或达到规定要求时产生的损失。质量成本包括损失成本和预防鉴定成本。损失成本指的是产品或零部件在生产过程中或交付客户后由于零件本身的质量问题导致的内外部损失及处置费用，它包含内部损失成本和外部损失成本。预防鉴定成本指的是为防止产品或零部件的质量或功能失效对其零部件、半成品或成品进行必要的鉴定、测试和试验所需的费用。

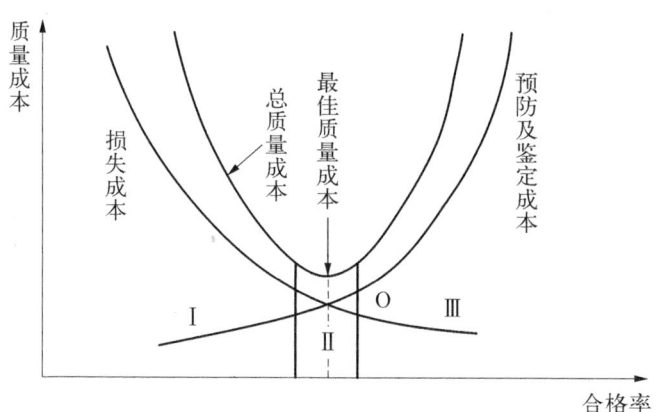

图 2-9　质量成本特征曲线图

从图 2-9 质量成本特征曲线图可以看出，损失成本与预防及鉴定成本存在此消彼长的关系，总的质量成本等于损失成本与预防鉴定成本之和，在两者之间存在一个理论上的最佳质量成本。当要求质量合格率高于最佳质量成本位置时，内部和外部的损失成本将会减少，同时需要付出更多的预防及鉴定成本。与之相反，当得到更低的质量合格率时，企业面临的内部和外部损失将会增加，预防及鉴定的成本将会降低。

在 S 公司的物料中，每一类物料的质量合格率要求是不同的，例如涉及产品在客户端的核心功能实现的关键物料其质量合格率要求接近于零缺陷，特别是对于开关行业，如果产品在客户端失效，对客户造成的损失远远超出购买产品本身所付出的费用,其损失成本是巨大的。但对产品功能实现影响小或几乎没有影响的物料,其最佳质量成本对应的合格率较低,在这个质量合格率水平下损失成本较低完全在可承受范围,预防鉴定成本较低可以有效地降低质量成本。

从供应商质量管理的角度讲,不同的供应商具有不同的质量水平,不同的采购物料有不同的最佳质量成本点对应不同的质量合格率要求。不分类别的供应商质量管理策略和不加区别的质量目标显然不能获得最佳的质量成本。

进一步讲,单独从质量总成本的角度并不能完全确定供应商质量管理策略和供应商选择的采购策略,例如一个对企业是非常关键的物料理论上其损失成本很高,有别于普通物料的是它需要较高的合格率,所以需要提高预防鉴定成本,但在采购市场上这个物料是非常成熟的产品,其质量合格率接近零缺陷,例如标准的目录产品空气开关,其采购金额低、价格透明,企业投入的预防鉴定成本较低。简单从质量成本特征曲线上不能制定最适宜的供应商质量管理策略和采购策略,这就需要结合采购策略中 Kraljic 的组合模型(Portfolio Models),根据不同供应商、不同的物料制定各自合理的质量管理策略。

从 Kraljic 的组合模型可以看出,对供应商的分类主要关注采购金额的大小和供应资源的可获得性两个维度,供应商质量管理的内容并没有明显的体现,根据这个供应商分类制定的采购策略会遗漏质量策略。质量成本特性曲线未考虑供应源的差异,而 Kraljic 的组合模型未兼顾质量成本。为此本研究将从供应商的分类与物料对质量影响程度(物料的关键程度)两个维度来制定供应商管理策略。具体策略见表 2-3。

表 2-3 S公司质量成本及采购策略

		关键物料	普通物料	非关键物料
战略物资	质量策略	进料时高抽样水准,出货给终端客户前零缺陷质量管控。定期跟踪、沟通供应商绩效,供应商绩效呈现改善趋势。对强势供应商紧密跟踪监督供应商质量。对弱势供应商积极引导参与供应商改善。对质量绩效差的供应商投入大量质量管理资源。	普通的进料抽样水准,出货给终端客户前质量零缺陷。监控供应商质量绩效。对强势供应商紧密跟踪监督供应商质量。对弱势供应商积极引导参与供应商改善。投入适量资源管理供应商质量。	免检或宽松的验收标准。投入较少质量资源。

续 表

		关 键 物 料	普 通 物 料	非关键物料
瓶颈物资	采购策略	双赢策略。 利润共享,激励长期合同。 战略合作,长期战略合作伙伴关系。 加强沟通,防范供货风险。 主动地预测需求,动态管理安全库存。	双赢策略。 利润共享,激励长期合同。 战略合作,长期战略合作伙伴关系。 加强沟通,防范供货风险。 主动地预测需求,动态管理安全库存。	寻找降低技术质量要求后的替代供应商。 长期合同。 备物料库存。
	质量策略	进料时高抽样水准,出货给终端客户前零缺陷质量管控。 定期跟踪、沟通供应商绩效,供应商绩效呈现改善趋势。 对强势供应商紧密跟踪监督供应商质量。 对弱势供应商积极引导参与供应商改善。 对质量绩效差的供应商投入大量质量管理资源。	普通的进料抽样水准,出货给终端客户前质量零缺陷。 监控供应商质量绩效。 投入适量资源管理供应商质量。	免检或宽松的验收标准。 投入较少质量管理资源。
杠杆物资	采购策略	加强沟通,防范供货风险。 主动地预测需求,动态管理安全库存。 总价加激励长期合同。	加强沟通,防范供货风险。 主动地预测需求,动态管理安全库存。 总价加激励长期合同。	寻找降低技术质量要求等级后的替代供应商。 备较长周期的物料库存。 长期合同。
	质量策略	进料时高抽样水准,进料零缺陷,出货前零缺陷。 供应商体系评估为优秀。 投入资源参与供应商质量管理,末位淘汰。 定期跟踪、评估供应商绩效,供应商绩效呈现改善趋势。	普通的进料抽样水准,出货给终端客户前质量零缺陷。 供应商质量体系评估为合格。 投入资源参与供应商质量管理。 定期跟踪、评估供应商绩效,供应商绩效满足质量目标。	免检或宽松的验收标准。 投入较少质量管理资源。
	采购策略	多家供应商同时供货策略。 明确需求的短期合同,不断转换成本更低的供应商。 侧重质量、平衡价格,供应商多中选优。	多家供应商同时供货策略。 明确需求的短期合同,不断转换成本更低的供应商。 平衡价格和质量,供应商多中选优。	明确需求的短期合同,不断转换成本更低的供应商。 最低采购成本。

续表

		关 键 物 料	普 通 物 料	非关键物料
一般物资	质量策略	进料时高抽样水准,进料零缺陷,出货前零缺陷。供应商体系评估为优秀。管理监控供应商质量,末位淘汰。定期跟踪、评估供应商绩效,供应商绩效呈现改善趋势。	普通的进料抽样水准。供应商质量体系评估为合格。监控供应商质量绩效。投入少量的供应商质量管理资源。	免检或宽松的验收标准。适量降低供应商质量体系要求。投入最少的质量管理资源。
	采购策略	平衡价格和质量,供应商多中选优。明确需求的固定合同。	最低采购成本。明确需求的固定合同。	集中供应商。最低采购成本。明确需求的固定合同。

从矩阵表中可以看到不同供应商类型和不同的物料类型需制定不同的质量管理策略,不同质量要求的物料需要制定不同的采购策略。例如涉及既是关键物料又是战略物资的供应商,需采用利润共享、灵活激励的合同形式,对于垄断行业的供应商,如果供应商配合度差、质量绩效不好,需增加采购方的质量成本投入,增加进料检验频次,加强供应商端质量沟通,增加生产过程产品检验强度,降低产品在客户端失效的质量风险,减少质量损失成本。实践中成功的例子:日本企业本田在其发动机供应商的股份投入、资源共享、共同产品开发形成的就是战略性合作关系。

此矩阵表使得供应商质量管理活动匹配了物料类型,将质量管理资源合理地用到需要管理的物料上,就提高质量管理的效率。

2. 对供应商质量管理体系进行评估

1) 供应商评估体系构建

运用线性权重法对供应商进行评估被广泛应用,它的基本方法是识别评价类别后给每个评价类别分配一个权重,权重越大说明其越重要。供应商的加权得分为该供应商各项评价类别的得分与其权重乘积之和,加权得分最高为最佳供应商。如表 2-4 所示(康凯等,2002)。

线性权重法的特点是企业可以从自身公司需求出发设定评估类别以及给各类别设定所需的权重。S 公司现阶段与 200 多家供应商开展采购业务,相对于开发新供应商,这些供应商的商务风险较低,成本结构也比较清晰,与之相关的权重可以更低,而占比 35% 的质量和交付的权重还应该更高。在评估财务状况、

表 2-4 初始供应商评估示例

供应商：先进的微观系统					
类别	权重	子类别权重	得分（5分制）	权重得分	
1. 质量体系					
流程控制系统		5	4	4.0	
全面质量保证	20	8	4	6.4	17.4
每百万零件的缺陷绩效		7	5	7.0	
2. 管理能力					
管理层与员工关系	10	5	4	4.0	8.0
管理能力		5	4	4.0	
3. 财务状况					
债务结构	10	5	3	3.0	7.0
周转率		5	4	4.0	
4. 成本结构					
相对于行业的成本		5	5	5.0	
对成本的了解	15	5	4	4.0	14.0
成本控制或降低的成效		5	5	5.0	
5. 交付绩效					
承诺的绩效	15	5	3	3.0	
前置期要求		5	3	3.0	9.0
反应能力		5	3	3.0	
6. 技术加工能力					
产品创新	15	5	4	4.0	
流程创新		5	5	5.0	14.0
研发		5	5	5.0	
7. 信息系统能力					
EDI 技能	5	3	5	3.0	3.0
CAD/CAM		2	0	0	
8. 一般类别					
少数供应商的支持		2	3	1.2	
环境服从	10	3	5	3.0	8.2
供应商的供应基地管理		5	4	4.0	
总权重得分					80.6

成本结构、技术加工能力及信息系统能力方面时,通用的手段是采用问询方式获得结果,人为因素多再加上其权重较大使得该手段不适用于S公司的实际情况,应该对这种评价方法进行优化。

S公司在并入E集团后,E集团推荐使用其供应商评估系统。流程如图2-10所示,它包含了供应商一般信息的初步评估、供应商质量系统评估、供应商供应链物流管理评估、供应商技术评估(根据需要)、供应商审核不符合项的管理,允许供应商进入合格供方名录或不允许供应商进入合格名录的最终判定。

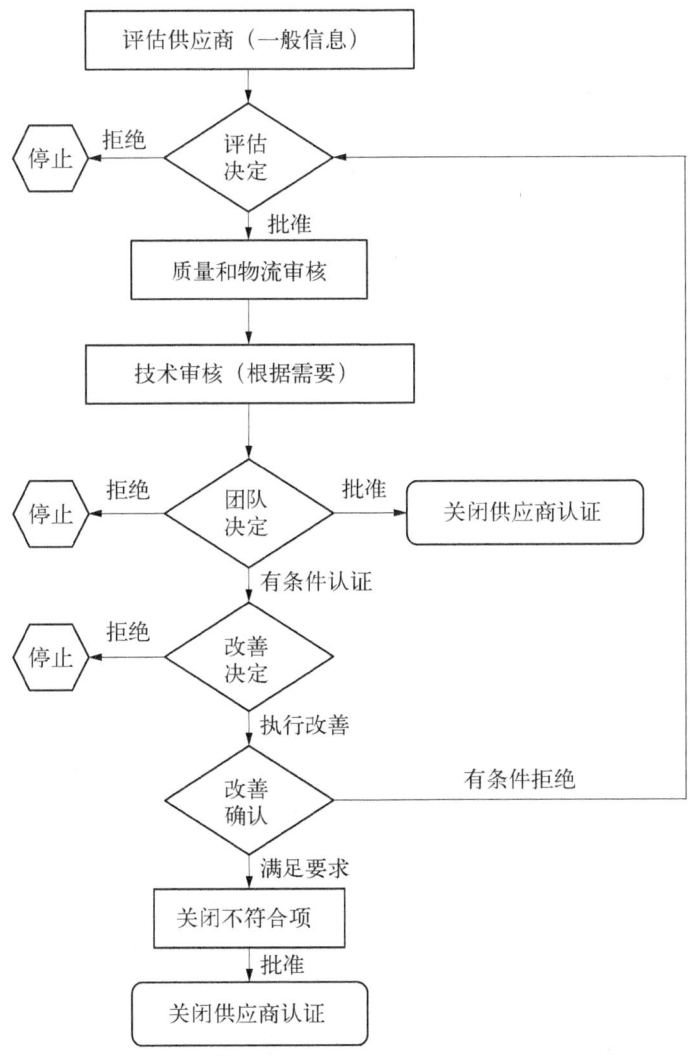

图2-10 供应商认证流程图

这个评估流程是一个动态的评估，不是一劳永逸的评估，当供应商进入合格供方名录后还会定期进行重新评估，触发重新评估的条件有两个：① 从时间跨度上硬性要求，即约定在经过多少时间后供应商质量管理水平需重新评估，评估的间隔期通常不超过 2 年；② 供应商质量或物流绩效表现差时进行重新评估。

供应商认证流程：供应商认证流程如图 2-10 所示。

评估的主要内容，见表 2-5。

表 2-5 供应商评价的内容

供应商评估 （一般信息）	质量审核 （整个组织）	供应链审核 （整个组织）	技术审核 （根据需要）
产品、服务和商业信息 技术和设计能力	生产订单评审流程 生产：采购	预测能力 客户订单管理：下游	预测能力 客户订单管理：下游
财务信息	生产：零部件/产品生产	运输：下游	对于电子 PCBA，系统地进行技术评估
采购信息	生产：模具及测量工具	库存和仓库管理：内部流程	其他评估（技术、设计等）
制造能力及生产能力	质量：质量指标	订单启动、计划和控制：内部流程	
全面质量体系信息	质量：不良品的管理	采购和订单管理：二级供应商（电镀、热处理等）和分包商	
交货和存货系统信息 可持续发展：人权、劳工与环境	质量：人力资源和技能 安全、健康与环境		

从图 2-10 的供应商评估流程图和评估内容可以看出，初步评价涵盖了质量、价格、服务、可持续发展等项，评价的方式是采用传统的问询方式完成，综合评估可以对供应商进行初步筛选但无法精确地区分出供应商优秀与否。在通过了综合评价后，质量和物流的评价结果直接决定供应商是否可以成为合格供应商，提高了质量、物流在供应商评价中的被重视程度。流程针对评价中发现的不符合项进行管理，对那些有不符合问题项、但又希望与其开展业务的供应商也指明改进的方向。这个供应商评价流程匹配了 S 公司目前的需求，既提高了质量

和交货在评价时的权重,又没有对评价不符合的现有供应商采用"一刀切",直接取消供货资格,同时还能识别出符合全部审核要求的优秀供应商,能够达到 S 公司识别现有供应商水平的评价目的。

如果涉及特殊工艺制程,或者供应商提供的产品为模块化功能化的,在质量和物流评价通过的基础上可以根据需要组织技术专家对供应商进行技术评审。例如焊接工艺评定、电镀工艺评定、热处理工艺评定等。确保供应商提供的产品或服务满足 S 公司使用要求。

2) 供应商质量和物流评价

(1) 供应商的质量评价设置。

供应商的质量评价内容依据 ISO9000 标准要求展开,根据公司的需要增加部分安全、环境的要求,评价表包含 8 个维度的 32 个评估子项。如表 2-6 所示。

表 2-6 供应商质量审核内容表

1-通用要求	2-生产流程管理	3-生产制造的产品和零件管理	4-生产工具及测试工具管理
1.1-质量组织架构 1.2-质量管理系统 1.3-持续改善	2.1-供应商质量管理 2.2-产品及原材料仓库管理 2.3-产品及原材料存储预防管理 2.4-进料检验	3.1-产品技术要求 3.2-生产过程控制 3.3-设备能力 3.4-生产现场条件 3.5-作业指导书 3.6-过程质量及产品放行检验	4.1-测量能力 4.2-测量系统校验 4.3-保养 4.4-工具保存及保护
5-质量:监控	6-质量:不合格品管理	7-质量:技能及人力资源	8-健康、安全、环境管理
5.1-不合格品管理 5.2-不合格品率 5.3-客户满意度	6.1-客户投诉管理 6.2-客户投诉处理时间 6.3-不合格品控制	7.1-质量工具应用 7.2-质量技能培训 7.3-人员培训	8.1-健康安全 8.2-环境 8.3-节能设计 8.4-RoHS 8.5-REACH

（2）供应商的物流评价设置。

供应商的物流评价和质量评价是相辅相成、缺一不可的，一个不能及时响应的非柔性生产供应商无法应对波动的市场需求，一旦出现波动的市场需求或原材料供应的异常，一个物流管理差的供应商极有可能牺牲质量来满足物流要求，这在很多公司都是普遍存在的现象。正因为如此，有必要对供应商物流制定同样详细的评估条款，一方面约束将要纳入合格供应商名录的候选供应商必须具备完善的物流管理能力，另一方面引导供应商持续改善满足物流管理的要求，提高物流管理的水平，进而支持供应商质量管理，提高供应商管理绩效。物流评价项目依据S公司的实际情况，设置了7个大类40个小项。如表2-7所示。

表2-7 供应商物流审核内容表

1-预测与生产能力	2-客户订单及下游供应链管理	3-运输下游供应链管理	4-库存管理	5-订单执行管理	6-P采购过程管理	7-精益生产
1.1-产品中长期计划	2.1-售后服务	3.1 运输管理	4.1-材料库存指标	5.1-短期生产计划	6.1-供应商及代理商选择	7.1-精益意识
1.2-客户需求预测精度	2.2-客户订单确认流程	3.2-出口经验及能量	4.2-材料库存控制及盘点精度	5.2-生产订单状态及监控	6.2-采购订单确认流程	7.2-生产周期
1.3-中期产能需求	2.3-客户订单内容管理	3.3-货运代理	4.3-成品库存指标	5.3-生产订单的执行	6.3-执行采购订单	7.3-上游供应链管理
1.4-生产停线管理	2.4-客户订单状态及跟踪	3.4-交付管理	4.4-成品库存控制及盘点精度	5.4-生产过程控制	6.4-给下级供应商的预估采购需求	7.4-弹性生产能力
	2.5-总生产工时管理		4.5-货物接收和存储	5.5-生产线物流管理	6.5-供应商及代理商绩效	7.5-精益绩效管理
	2.6-在客户端准时交货率管理		4.6-存储条件及包装	5.6-生产线物料补充	6.6-逆向物流	
				5.7-生产效率		
				5.8-绩效管理		
				5.9-保养管理		

由于质量的 32 个子项和物流的 40 个子项都没有明显的权重差异,都是实际需要满足的要求,所以将每个子项都设置为 0~4 分共 5 个等级,每个等级都有对应的符合性描述,2 分为所有项的最低要求线。例如 1.3 持续改进的审核评分：0 分,无持续改进计划;1 分,有部分体系改进计划,管理层无跟进;2 分,管理层跟进改进计划,管理层定期内审;3 分,体系改进列入质量目标,有基于内审的改进行动;4 分,有改进趋势,持续关注体系改进。

(3) 供应商质量和物流评价的要求和结果输出。

质量和物流评价的结果决定了供应商是否可以成为合格的供应商,其评价结果有四种：评价通过、有条件接受、有条件拒绝、拒绝。供应商最终的评价结果取质量或物流评价结果中的最差者,例如质量评价结果是通过,物流评价结果是拒绝,供应商的最终评价结果为拒绝。用颜色管理的方式定义供应商评价等级是有必要的。供应商质量和物流评价的得分要求及对应颜色见表 2-8 和表 2-9。

表 2-8 供应商质量审核要求表

颜色等级	被记 0 分的项数量	得分为 1 的项数量	总得分要求	审核结果
绿色-认证通过	0	0	≥19	(绿色)
黄色-有条件批准	0	≤3	≥12	(黄色)
橙色-有条件拒绝	≤3	≤6	≥8	(橙色)
红色-拒绝	≥4	≥7	<8	(红色)

表 2-9 供应商物流审核要求表

颜色等级	被记 0 分的项数量	得分为 1 的项数量	审核结果
绿色-认证通过	0	0	(绿色)
黄色-有条件批准	0	≤3	(黄色)
橙色-有条件拒绝	≤3	≤6	(橙色)
红色-拒绝	≥4	≥7	(红色)

供应商评价的四种结果定义如下：

认证通过：依据表2-8，表2-9评分要求，供应商评定为"绿色"供应商。

有条件的认证通过：依据表2-8，表2-9评分要求，供应商评定为"黄色"供应商；供应商质量管理体系总体上满足要求，对于不符项需6个月内实施改进并及时反馈改进结果。除关键程度不是最高的零件外可以与该供应商开始采购业务。

有条件拒绝：依据表2-8，表2-9评分要求，供应商评定为"橙色"；供应商质量管理水平整体上离要求还有较大差距，供应商必须在6个月内对不符合项进行改进并提出复审要求，如果改进后仍然不符合要求该供应商将不能成为合格供应商，如果是现有供应商被评定为"橙色"，企业将不与该供应商开展新业务并逐步减少与该供应商的现有业务。

拒绝：依据表2-8，表2-9评分要求，供应商被归为"红色"，不与该供应商发生业务关系。

3. 实施供应商评价

由于S公司供应商总数超过200家，S公司具有审核供应商资质的人员中供应商质量管理工程师（SQE）只有1人，具有物流审核资质的人员也只有1人，短时间完成所有供应商的现场评审是不可能的。按照突出重点原则，使用ABC-XYZ矩阵法将200家供应商分成三个等级，第一等级的供应商优先进行体系评估（30家供应商），然后是第二等级和第三等级逐步进行体系评估。即使是30家供应商一个SQE和一个供应商审核员仍然无法完成一年内审核30家供应商的任务，集中组织一次关键供应商体系培训成为最可行的办法。

制作培训学习资料及详细的评分说明，组织供应商统一培训，一方面充分利用一名合格的资深审核员的资源最大范围地传达公司对供应商的要求，另一方面也让各个供应商在一起有沟通交流的机会，同时借此机会培训公司内部的供应商审核人员。要求每个供应商派出1名质量管理人员和1名物流管理人员到公司接受供应商评估系统的培训，通过为期两天的培训传达S公司对于质量及物料管理体系方面的具体要求及每一项要求的具体评分标准。

开展的供应商管理体系培训不是单方面的输出，当所有供应商完成培训后需按照审核条款对自身管理体系进行自评。对于自评达标的关键供应商将进行预评审或正式评审，对于未达标的供应商要求提供改善计划，提供改善计划的责任人，完成时间及改善证据。

供应商对培训表现出了极大的兴趣，反映出供应商在质量管理和物流管理上希望与客户沟通的强烈愿望，供应商非常希望获得结合实践的培训机会。按照供应商审核流程,包含在审核计划中的 30 家供应商迫切地需要对审核条款进行了解,评估自身与 S 公司要求相对比形成的不足,避免因为质量或供应链管理中的问题影响与 S 公司以及集团的业务。通过供应商的体系评估状况约束采购活动,当有新采购业务时将不允许选择供应商体系管理状态是橙色或红色的供应商,除非重新审核获得通过,当红色供应商长期不提供改善措施,不执行改善方案,红色供应商将被移出合格供方名录。这对供应商是个极大的约束,对供应商管理层提供了改善的动力,为供应商体系改善指明了道路,这是一个双赢的结果。而供应商认证对其质量和物流的管理体系要求确确实实能够提高供应商的竞争力,例如持续改善中对质量统计工具运用的强制要求,物流管理中对库存数量准确率要求,原材料仓库中按照存放产品保存要求分类管理等都是 S 公司管理体系的外延,使生产商和采购双方都获得实实在在的收益。

30 家关键供应商按照审核评分标准对自身管理系统进行自评,提出 163 项改善计划,表 2-10 供应商自评结果统计表显示了供应商自评结果的分布状况。供应商针对所有的改善计划都制定了完成改善的期限、责任人及判断标准。通过一天的培训达到迅速执行 S 公司新的评估体系的目的,这是非常高效的。

表 2-10 供应商自评结果统计表

	XX	BF	JC	JR	JQ	KJ	JN	ZD	DS	BS	HT	RD	SD	LZ	YH
通用要求	符合	符合	符合	符合	符合	不符合	符合	符合	符合	符合	符合	符合	符合	符合	符合
生产流程管理	符合	符合	不符合	符合	符合	不符合	不符合	符合	不符合	符合	符合	符合	符合	不符合	符合
生产制造的产品和零件	符合	符合	不符合	符合	符合	不符合	符合	不符合	符合	符合	符合	符合	不符合	符合	符合
生产工具及测试工具管理	不符合	不符合	不符合	不符合	不符合	不符合	不符合	不符合	不符合	不符合	不符合	不符合	不符合	不符合	不符合
质量监控	不符合	不符合	不符合	不符合	不符合	不符合	不符合	不符合	不符合	不符合	不符合	不符合	不符合	不符合	不符合
不合格品管理	符合	不符合	符合	符合	符合	不符合	符合	符合	符合	符合	符合	不符合	符合	符合	符合
质量技能管理	符合	符合	符合	符合	符合	符合	符合	符合	符合	符合	符合	符合	符合	符合	符合

续 表

	JZ	JS	LB	JS	HY	KL	JD	FA	HN	LY	SR	WZ	SS	TM	JY	WH
通用要求	符合	不符合	不符合	符合	符合	不符合	符合	不符合	符合	符合	符合	符合	符合	符合	符合	符合
生产流程管理	符合	不符合	符合	不符合	符合	不符合	符合	不符合	符合	不符合	符合	不符合	符合	符合	符合	符合
生产制造的产品和零件	符合	不符合	不符合	不符合	符合	不符合	不符合	不符合	不符合	不符合	不符合	不符合	符合	符合	符合	符合
生产工具及测试工具管理	符合	不符合	不符合	符合	不符合	不符合	符合	不符合	不符合	符合	不符合	不符合	符合	不符合	符合	符合
质量监控	符合	不符合	符合	不符合	符合	不符合	不符合	符合	不符合	符合	不符合	符合	符合	不符合	符合	符合
不合格品管理	符合	不符合	符合	不符合	符合	不符合	符合	不符合	不符合	符合	不符合	符合	符合	不符合	符合	符合
质量技能管理	符合	符合	符合	不符合	符合	不符合	符合	不符合	不符合	符合	不符合	符合	不符合	符合	符合	符合

4. 建立物料认可流程

利用生产件批准程序(PPAP)理论来通过建立物料认可流程,对采购物料样品认可,对新采购物料批量生产前进行有效管理。当供应商通过了质量体系审核作为合格供应商可以开展供货业务后,对大批量供货前的流程管理是十分必要的。大批量供货前的流程通常包括:技术沟通、样品试生产、样品验证、小批量试生产、样品认可、大批量生产。区别于S公司以前的技术牵头,确认样品,S公司需要对整个样品认可流程进行管理。供应商物料认可流程将涵盖零部件在被采购后的所有要求包括技术、质量及物流要求。

1) 实施物料认可的目的

在单个物料批量采购之前,对供应商的过程控制、技术能力、质量保证能力及管理能力的有效验证。其中的质量控制计划是对量产前的质量规划,通过对来自客户端要求的分解,将客户要求转换为研发的技术要求,转换为技术图纸、质量要求,最终落实到质量控制计划中,使得供应商在前期的质量规划被采购方确认,质量控制计划的实施被监控,质量控制计划实施的效果被评估。物料认可的现场过程审核将检验所有供应商质量管理及物流管理与提交的文件一致,供应商在特殊工艺上的控制有稳定持续的输出。供应商充分理解了客户要求并达到持续稳定供货的状态。

2) 物料认可的触发条件

零部件首次提交,工程变更需重新提交样品完成样品物料认可。使用模具生产的物料、模具转移或替换时,材料变更时,次级供应商变更时,零部件生产工艺变更时,供应商变更时,重大的质量或物流事故时,都需要重新启动样品认可。

3) 物料认可的流程

物料认可的零件评估计划用于支持物料认可流程,它涵盖了所有产品采购中的要求,包括技术、质量、物流要求。具体流程见图2-11,它分为五个阶段,磋商、合同评审、样品验证、试生产、批量生产。

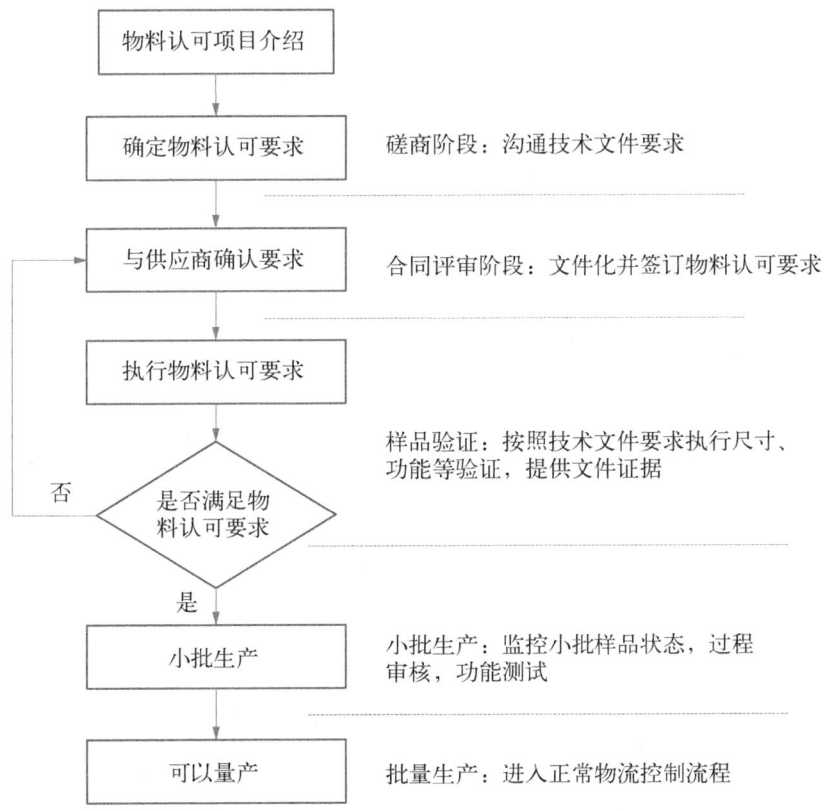

图2-11 物料认可流程图

供应商物料认可的流程是以小型项目管理的形式进行,项目负责人通常为认可的启动人,比如研发希望认可一种新设计的物料,项目负责人为研发人员;如果采购希望转移一种物料给另一家合格供应商做,项目负责人通常为采购。

供应商物料的认证流程包含:

(1) 物料认可项目负责人主导启动会议。

(2) 成立物料认可小组,物料认可小组成员确认物料认可的技术、质量、物流要求,细化并汇总物料认可要求。输出物料认可计划。

(3) 采购主导与供应商确认新物料认可要求,确保供应商在提供样品之前了解新物料认可的技术,质量,物流要求。与供应商签订物料认可条款要求。包含所选择的认可条款,条款中对应的细化的要求,需交付的内容,验收标准,明确的时间表及每个条款的批准人。

(4) 项目负责人需跟踪样品认可条款认证的进展,确认各条款符合要求,最终由相应的批准人确认并批准,如果样品认可过程中出现未能按计划执行的异常,项目负责人需协调整个认可团队,获得整个团队的确认。

(5) 当项目负责人确认待认可物料的所有条款都已经满足,所有可交付文件都已经完成,各条款都由相应的批准人做出评价,物料认可文件的最终批准将由 S 公司质量经理来做最终的接受或拒绝的判定。如果拒绝将需要再次与供应商进行评审,如果接受将进入大批量生产阶段。最终批准的结果将会分享给供应商及公司内部的认可团队。物料认可单如图 2-12 所示。

4) 针对已批量采购未做认可物料的措施

针对已批量采购但由于历史原因未完成认可的物料需以补救的方式对这些物料进行认可,对应的优化措施将包含识别关键工艺过程、确定质量控制要求法规、确认质量文件和物流文件提交内容、确认质量及交货指标、确认终端客户产品使用要求,对操作指导书、检验指导书标准化文件化。

由于 S 公司刚开始实施 PPAP,其采购物料绝大多数未按照零件认可计划进行管理,对于正在使用的物料选择哪些物料进行优先管理是零部件质量管理实践中遇到的最现实的问题。

如表 2-2 S 公司物料认可 ABC-XYZ 矩阵分类所示,通过对 S 公司采购物料进行 ABC-XYZ 分类,可以清晰地识别出最紧迫需要完成样品认可的物料,在有限的资源下对采购物料进行有效管理。

第一梯队的物料:CZ,CY,BZ。最紧急需要完成样品认可的物料,其中 CZ 是排在第一位的紧急程度,质量控制能力差的供应商在生产最关键的零件。针

PPAP 样品承认单

基本信息									
料号:		版本:		供应商名称:		供应商编号:			
PPAP 原因:									
□新设计	□工程变更	□本地化	□新供应商或供应源变化	□供应商提出的变更	□其它 Others				
PPAP 团队:									
项目主管:	质量:	工程:	生产:	物流:	采购:	其他:			

PPAP 样品及文件需求清单						确认结果		
零件等级				□高 H	□中 M	□低 L	判定	差异备注
							接受 / 拒绝	
样品评估项	H.	M.	L.	1. 样品数量(Sample Quantity)			□ / □	
供应商需提交文件	☑	☑	☑	1. 图纸(需厂商编号)和对应的样品承认检验记录(全尺寸和其他图纸规定特性)			□ / □	
	☑	☑	☑	2. 材质证明			□ / □	
	☑	☑	☑	3. 过程流程图			□ / □	
	☑	☑	☑	4. PFMEA过程失效模式分析			□ / □	
	☑	☑	☑	5. 可追溯性			□ / □	
	☑	☑	☑	6. 质量控制计划			□ / □	
	☑	☑	☑	7. 测量系统分析			□ / □	
	☑	☑	☑	8. 物流文件			□ / □	
	☑	☑	☑	9. 包装方式说明			□ / □	
	☑	☑	☑	10. 短期过程能力分析			□ / □	
	☑	☑	☑	11. RoHS & REACH声明			□ / □	
	☑	☑	☑	12. 最终检验作业指导			□ / □	
	☑	☑	☑	13. 包装方式说明			□ / □	
	☑	☑	☑	14. 表面处理品质证明			□ / □	
	☑	☑	☑	15. 产品证书(合格实验室文件,比如UL、CE等)			□ / □	
	☑	☑	☑	16. 原材性能实验报告			□ / □	
	☑	☑	☑	17. 化学品物性安全资料表 MSDS			□ / □	
	☑	☑	☑	其他Other:			□ / □	
内部评估记录	☑			1. 样品承认检验记录 □全尺寸 □重点尺寸 □外观 □组装测试 □其他特性			□ / □	
	☑			2. 功能测试报告Function Test Report: 其他Other:			□ / □	

PPAP 承认结论

结果: □1.最终认可 □2.条件认可_____ □3.拒收

质量经理确认批准: 姓名及日期:_____

图 2-12 物料认可签审页

对 CZ 供应商要立即开始样品认可。第一梯队物料的样品认可的优先顺序应该是 CZ,BZ,YC。

第二梯队物料: AZ,BY,CX。AZ 虽然为关键物料但其供应商质量控制水平较高,放在了第二梯队。第二梯队物料样品认可的顺序应该是 AZ,BY,CX。

第三梯队的物料: YA,XB,XA。物料的关键等级需要优先完成样品认可,所以样品认可的顺序应该是 YA,XB,XA。

5. 管理供应商绩效

采购商与供应商进行有效的沟通有利于提高供应商管理绩效,与供应商进行质量信息沟通有利于降低双方信息不对称造成的影响,并提高双方的互信水平。

从整个供应商质量管理流程上看,对于新导入的供应商应按照新供应商体系审核标准对供应商进行评估,告知供应商质量管理体系现状与 S 公司对供应商的体系要求是否存在差距;如果存在差距,告知供应商待改善的点及需要达到的目标。对于质量体系优秀的供应商(审核结果为绿色)进行表扬;对于质量体系审核一般(审核结果为黄色)提出改善建议;对于质量体系审核结果不好(审核结果为橙色)提出限期整改并限制其新产品的导入;对于质量体系审核结果为红色的供应商要求采购将其从合格供应商名录里剔除,制定转移供应商计划。

对于已经成为合格供应商需要对供应商进行绩效管理。供应商绩效表现管理的目的是对供应商的表现进行评估、监控、管理。评估一个供应商绩效表现的好坏涉及很多方面的内容,比如供应商的配合度、供应商价格、供应商沟通能力、供应商质量及交货表现。无论如何展开,供应商质量和准时交货表现都是最重要的两项内容。

1)供应商绩效管理的目的

(1)实时监控供应商绩效表现,当供应商质量及准时交货出现偏差时可以立即发现并提供纠正措施。在供应商认可的绩效评估规则下,出现偏差时供应商可以和采购方一同分析问题,采取纠正措施。

(2)及时地收集和供应商质量监控和准时交货表现,为阶段性的供应商绩效评审提供依据。

(3)为定量分析供应商绩效表现提供依据,可以根据供应商连续的质量表现及准时交货数据进行趋势预估,从而进行预防性的行动计划,避免不良趋势进一步恶化。

(4)用供应商质量表现的分析及准时交货数据,为采购方内部信息沟通提供支持,为与供应商管理层的沟通提供数据支撑。

2)供应商绩效管理的原则

(1)一致性:在收集数据时,每一阶段的数据收集规则进行详细的规定和说明,统一数据收集的口径,避免每次数据收集口径不一致,造成数据出现偏差,例如,进料检验抽验不合格品达到批退时,该如何计算不合格品数量,是按抽验到的不合格比例乘以实际交货数量计入不合格数量,还是以整批计入不合格品数量?又例如,当供应商提前交货时是否计算为准时交货?

(2)连续性:连续不间断监控供应商质量数据,通过不间断的数据收集形成完整的数据链来监控供应商绩效表现。

（3）有效性：指的是统计的供应商绩效指标是否能够有效地区分出优秀供应商和表现不好的供应商，从而指导开展纠正供应商活动。如果记录的数据无效，识别出的绩效表现差、但供应商实际上完全满足公司采购活动的需求，这种情况下再对供应商开展纠正措施和持续改善就是资源上的浪费，在资源有限的情况下，无法对真正需要改进的供应商开展改善活动。很多公司在收集供应商质量表现时会将批次合格率作为评价供应商的重要指标，实际上批次合格率在反映供应商质量表现时不是很精确，例如一个供货批次只有一颗料，但这颗料经检验判定为不符合规格，另一个批次供1万颗料质量不良，根据抽验原则发生了批退，这两个批次不良率都被统计为100%不合格，但对公司运营造成的影响差异上是很大的，从整个采购活动上来说，统计不良品数量占整个采购数量的比例比供货批退率更能反映供应商质量管理状态，统计的口径也更一致。

（4）便利性：用于评估供应商绩效表现的数据很容易得到，不需要经过大量的数据处理和复杂的计算过程，给信息收集人员带来便利。

3）实施供应商绩效管理

收集供应商绩效表现的数据，主要收集两个数据，每百万缺陷机会中的不良品数量（DPPM）用于评估质量合格率、准时交货率（On Time Delivery, OTD）。不符合规格的采购物品数量有3个来源：① 在采购方进料检验时的供方质量合格率；② 在采购方采购过程中发生的供应商质量不合格数量；③ 客户端发现的质量不合格品数量。

DPPM 的计算公式及统计要求如下。

DPPM的计算公式为：（进料不良品数量＋生产过程中统计的不良数量）* 1 000 000/（一段时间内总收货数量）

明确不合格品统计的规则非常重要，越详细具体就越有利于收集到精确的数据，就越接近真实的质量状况。在实施 DPPM 的统计过程中很多公司都或多或少面临这样的问题，比如重量单位和数量单位如何计入总采购数量中，比如外包装损坏是否计入不合格品数量中，让步接收能够使用的供应商物料是否计入不合格品数量中等。通过长期的实践，本研究认为以下规则对于不合格品计算具有很强的借鉴意义，它能够真实地反映采购物品质量变动。

（1）只统计所有生产性采购物料，所有生产性物料包含特殊零件、一次性采购零件、外包零件、外发加工零件、螺钉紧固件等。非生产性采购物料不计入 DPPM 的统计中。

（2）只有完成了样品认可签审进入批量采购的物料才计入 DPPM 统计中，当采购物料的技术要求、说明规范清晰明确，双方都确认且进入了正常量产期，物料发生不合格时计入 DPPM 统计中。

（3）即使是不良品退回返修物料也需要再次统计采购数量，退回返修再送货物料再次不符合规格时同样计入不合格品数量中。但如果在一颗物料上同时发现了多处不符合规格的项目也只记录一个不合格品数量。

（4）每月计入当月的不良品数量和总送货量，以到货时间为准而不以采购方下达订单的时间为准。如果当月在生产过程中出现了某个供应商提供的不良品而此供应商当月并无交货记录，可以将不良品计入上个月或下个月统计，但整年度的供应商表现不会受到影响。

（5）要求 A 零件受到的却是 B 零件，要求的数量与实际受到的数量不一致，例如多交付了数量或少交付了数量都不计入 DPPM 数据中而计入 OTD 的统计数量中。

（6）当库存原材料发生不良时以挑选后的不合格品数量计入发现当月的供应商不良品数量中。当进料不良无法立即知道具体的不良品数量时以不良比例乘总送货量来初步计算不合格品数量。当具体的不良品数量经过挑选后计入真实的不良品数量，两个数据不应相差太大。

（7）当物料单位不是个数时需与供应商明确统计的单位，例如钢铁的统计数量以吨还是以千克计算，电线的长度以米还是以卷或其他单位计算。重点是同一种物料的统计方式相同，且整个统计周期内的统计单位相同来体现真实的质量波动状况。

准时交货率（OTD）的定义及计算公式：

准时交货率的定义：一定时间内供应商按订单准时交付产品或服务的比例。准时交货率的计算公式：（当月按时或提前收到的完整订单行数）/当月应收到的采购订单行数。

4）建立关键供应商沟通机制

向供应商管理层告知每月或每季度影响最大的质量和交货问题，统计最严重的前几项质量或交货问题（通常为前三项问题），大部分时候都是 S 公司供应商质量工程师与供应商对口的质量工程师进行沟通，这种月度或季度反馈的方式，信息简洁明了，避免与供应商管理层的信息沟通中出现过多的环节，通过这种方式与供应商管理层建立沟通渠道，让管理层参与来推动供应商持续改善。沟通的质量信息中包含了当前的质量、准时交货状态，显示了与年度目标的差距,重点提出了当前面临的几大问题。

以供应 HY 为例,如图 2-13 所示,曲线为每月的质量合格率(PPM),横线为供应商年度 PPM 目标。利用统计图表显示供应商动态的质量及物流表现,清晰地传递给供应商管理层目前的绩效状态。统计出每月、每季度、每年前三位质量或物流问题可以作为供应商内部持续改善的输入,使得在 S 公司发现的问题传递到供应商的质量改善活动中。通过每月、每季度、每年的滚动反馈,每次都让供应商利用有限的精力管理改善前三位的重大问题,这样问题会越来越少,对生产管理活动的影响也会逐步降低,达到持续改善提高供应商绩效的目的。

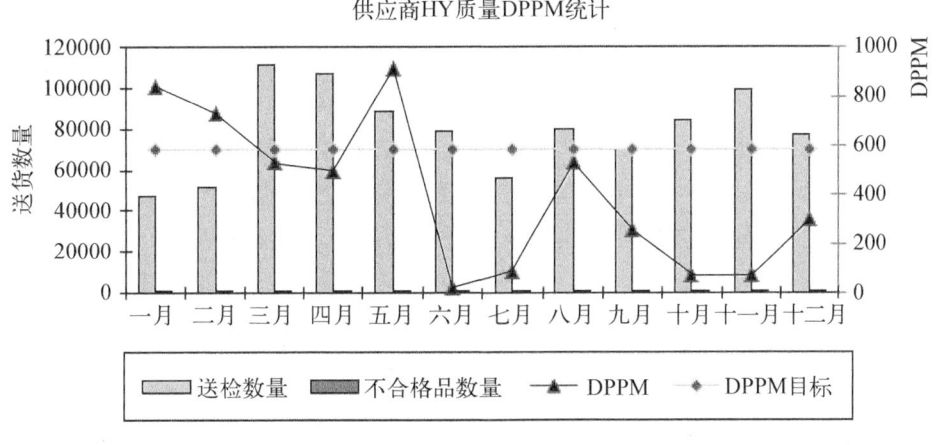

图 2-13　供应商 HY 质量 2016 年 DPPM 统计图

月度、季度的沟通通常以 S 公司采购经理或者供应商质量管理经理的名义以标准的邮件格式发给供应商管理层,来提高管理层之间的沟通效果。

（四）实施供应商改进措施后的效果

经过系统性的分析,针对 S 公司的现状制定了相应的改善措施。在供应商质量体系要求方面,供应商针对自评发现的 163 项未达到 S 公司要求的缺陷,都实施了改善并提供了改善证据。对重大影响的 7 家供应商实施了现场审核,其质量体系被评估,改善,并做了改善确认,如表 2-11 所示,最终都达到了预期目标。由于使用了供应商质量评估体系,质量部门对未达标的新供应商和质量绩效表现差的供应商有一票否决的权利,供应商质量体系评估获得了采购部的支持,为供应商改善其质量体系提供了动力。

表 2–11 供应商质量体系改善效果

供应商名称	改善前质量体系状况	改善目标	改善后质量体系状况
HY	橙色	黄色	黄色
BS	橙色	黄色	绿色
DYH	橙色	黄色	绿色
LZ	黄色	绿色	绿色
XX	黄色	绿色	绿色
LBS	黄色	绿色	绿色
ZL	黄色	绿色	绿色

在监控供应商质量合格率及对关键供应商实施质量体系改善后,如图 2–14 所示,供应商质量合格率达到了目标并展现出明显的改善趋势。定期与关键供应商管理层进行质量表现反馈和沟通使得供应商管理层了解自己的质量目标和质量现状,为其质量团队提供更好的服务,也说明自上而下的支持取得了明显的效果。

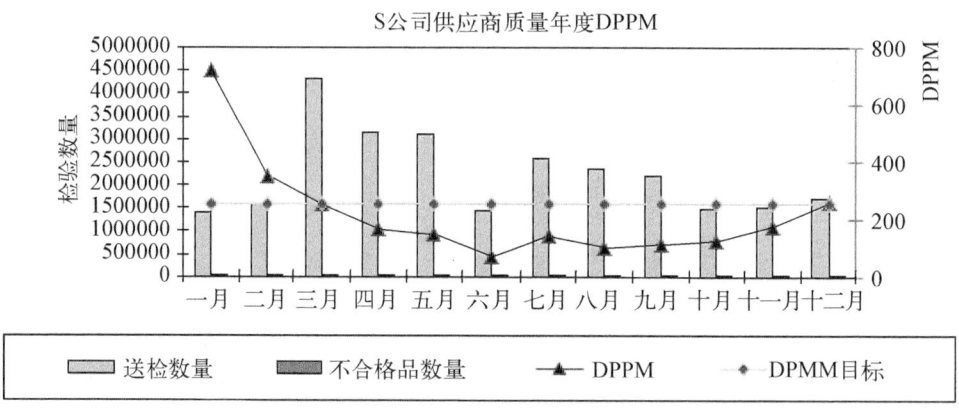

图 2–14 S 公司供应商质量 2017 年度 DPPM 图

物料认可计划的实施情况:通过分类管理的方法识别了质量表现差的关键物料后对这些重点物料优先进行了物料认可,例如识别出 HY 公司的焊接箱体排在所有物料认可顺序的第一位。供应商质量管理团队集中了技术部门、质量部门、采购部资源,澄清了质量要求和技术要求,通过 PPAP 流程完成了制程失效模式及影响分析(PFMEA)、质量控制计划(Quality Control Plan)、过程流程图(Flow Chart)、标准作业指导书(SOP)、包装作业指导书(Packing WI)等规范性文件,在供应商端建立了标准化的生产控制流程,使得箱体的质量呈现逐步上升的趋势。与此同时对新的物料实施样品认可,使得供应商知道他所提供的产品在最终用户上需要实现的功能并满足质量控制要求和所有样品认可文件要求,加强了对供应商物料的质量管控水平,降低了物料由样品到大批量生产的质量风险。

在平衡采购成本与质量成本方面,由于结合了采购策略中的 Kraljic 的组合模型和质量视角的物料关键性,使得采购部门和质量部门可以从公司全局的角度制定供应商管理策略,与供应商签订的合同变得更加灵活,供应商的质量管理策略也匹配了需求,使得公司总成本最小化。由此更新了公司的进料检验指导书和生产过程质量控制计划。比较典型的是管理 RZ 公司的互感器质量,互感器既是战略物资又是关键物料,由于其选型于供应商的标准产品,过去的进料检验策略是比对型号后发给终端客户现场安装使用,未在发往客户使用前测试其功能,导致在客户端发生质量问题很难追责到供应商,而在客户端处理关键物料的质量问题成本极高,在客户端多次发生质量问题后给 S 公司带来了巨大损失。通过从 Kraljic 的组合模型和质量视角的分析后对 RZ 公司互感器建立合理的质量控制手段,主要包括:① 进料时模拟对互感器进行 100% 功能检测;② 在发往客户现场前将互感器实配于产品上进行 100% 功能测试;③ 结合客户投诉的质量问题在 RZ 公司现场落实质量的改善和预防措施。经过通过以上三个措施使得 RZ 互感器质量问题得到了控制,有效降低了客户投诉,提高了客户满意度。

五、总结与展望

(一)研究总结

本篇借鉴他人在供应商质量管理方面的研究成果,比较深入地研究 S 公司所处内外部环境及其供应商质量管理现状。依据实现一流供应商质量理论,分析了 S 公司在供应商质量管理方面存在的问题以及造成这些问题的原因,提出了解决当前问题的思路,并就如何改善供应商质量管理提出解决方案。

主要在以下几个方面对 S 公司供应商质量管理进行相关研究:

1) 对供应商进行分类管理

在管理资源有限的情况下,运用 ABC 分类法从采购金额和供应商提供物料的关键程度两个维度对 S 公司的供应商进行分类,识别出对 S 公司影响最大的供应商,优先对这类供应商进行评价和绩效管理,从采购物料的质量表现和物料的关键程度两个维度对物料进行分类,确认对这些物料完成 PPAP 的先后顺序。在对采购物料的品质分类管理方面,结合 Kraljic 的组合模型,对不同的物料制定相应的质量管理策略,使得合理的质量管理投入获得高绩效的质量结果。

2) 建立供应商评价系统

针对 S 公司缺乏供应商评价系统的问题,分析了常规的线性权重法评价 S 公司现有供应商的局限性,建立了在常规评价流程的基础上增加质量及物流评价的方法,使得 S 公司的合格供应商都必须是满足了质量及物料管理要求的供应商。当实践中面临对供应商评价资源有限的情况,对供应商分类管理,识别出影响最大的供应商,利用集中培训的方式传递对供应商管理系统的要求,使供应商知道要改进的目标,持续优化其质量及物流管理系统来匹配 S 公司对供应商的要求。

3) 建立物料认可的流程

本篇结合 PPAP 理论开展了 S 公司物料认可流程的实践操作,在实践中 S 公司面临已批量生产物料与新物料认可相叠加的情况,而物料认可的人力资源有限,无法迅速有效地满足实际需求,本篇运用 ABC 分类法来识别物料认可的紧迫性,合理利用有限的资源。

4) 建立与供应商沟通的机制

采购方与供应商的沟通能够有效提高供应商质量管理绩效,通过确认供应商绩效评估内容和评估的规则,制定有效的供应商质量沟通机制,达到供应商质量持续改善的目的。

(二) 不足与展望

不同行业、不同类型的供应商需要因地制宜地制定不同供应商质量管理策略,本研究只针对 S 公司面临的问题开展研究,具有一定的局限性。

供应商质量管理只是整个供应链管理中的一部分,抛开整个供应链系统只针对供应商质量管理进行优化不一定能得到整体最优的效果。虽然本研究在协调、优化供应商采购策略和供应商质量成本管理方面进行了初步研究,通过实践也取得了明显效果,但优化措施对整个供应链的影响由于本文的篇幅有限未作更深入的研究。未来,基于本研究可以从整个供应链视角上收集实施供应商改进前后关键指标的变化,例如总成本、客户满意度、供应商合作意愿等方面进一步验证供应商质量管理措施的有效性。

参考文献

[1] 曹永辉.动态能力视角下供应链质量管理对企业质量绩效的作用机制研究(博士学位论文)[D].杭州:浙江大学,2016.

[2] 崔旺.ABC分类法及Kraljic矩阵分析在库存管理方面的研究[J].物流工程与管理.2015(12).

[3] 范迪.供应链质量管理的新博弈模型[J].物流工程与管理,2017,(2)

[4] 付荣华.基于AHP的跨境电商物流服务供应商绩效评价[J].电子商务,2018(6).

[5] 郭彬,梁江萍,刘引萍.绿色供应链环境下基于ANP-TOPSIS的供应商评价与选择研究[J].科技管理研究,2015(11):229-234.

[6] 何方,紫石.生产现场质量管理(之四)——物料的按阶段分级、分种、分类管理[J].质量与可靠性,2011(06).

[7] 霍宝锋.质量管理须整合供应链[J].北大商业评论,2015,(4),84-91.

[8] J.M.朱兰.论质量策划[M].杨文士,译.北京:清华大学出版社,1999.

[9] 康凯,齐莉丽,邢亚东.供应商评价指标体系及评价方法研究[J].中国管理科学,2002(z1):137-140.

[10] 林成汉.供应商质量管理研究(硕士学位论文)[D].厦门:厦门大学,2005.

[11] 林勇,马士华.供应链管理环境下供应商的综合评价选择研究[J].物流技术,2000(5).

[12] 刘晓,李海越,王成恩,等.供应商选择模型与方法综述[J].中国管理科学,2004,(1)

[13] 柳荣.采购与供应链管理[M].北京:人民邮电出版社,2018.

[14] 吕晓永.ABC分类法在中小型连锁超市库存管理中的改进应用研究[J].价值工程,2015(05)

[15] 罗伯特.B.汉德菲尔德,罗伯特.M.蒙茨卡,拉里.C.吉尼皮尔,等.采购与供应链管理[M].王晓东,刘旭敏,熊哲,译.北京:电子工业出版社,2014.

[16] 罗伯特.M.蒙兹卡,罗伯特.J.特伦特,罗伯特.B.汉德菲尔德.采购与供应链管[M].刘秉镰,李莉,刘洋,译.北京:中信出版社,2004(1),196.

[17] 马士华,王许斌.确定供应商评价指标权重的一种方法[J].工业工程与管理,2002,7(6):5-8.

[18] 马颖,田利,邹健,等.供应商选择与评估工作探讨[J].中国医疗设备,2015(5).

[19] 南超兰.从总运作成本视角评价供应商供货绩效[J].武汉商业服装学院学报,2014(1).

[20] 彭勇.沟通对供应商整合和组织绩效的影响研究(硕士学位论文)[D].广州:中山大学,2010.

[21] 石黎.绿色供应商评价的RS-RBF神经网络模型[J].科技管理研究,2015(9):

198-205.

[22] 田晶.浅谈供应商分类管理[J].现代经济信息,2014,(10).

[23] 王伟.供应商分类管理研究[J].中国市场,2015,(15).

[24] 温南方.借鉴 PPAP 提升航空制造技术[J].中国设备工程,2018(6).

[25] 吴国秋.基于 ABC 分类法的汽车制造业供应商零部件管理改进方法探究[J].商场现代化.2015(02).

[26] 谢晓文.基于卡拉杰克模型的物资供应商关系分类[J].中国电力企业管理,2014(8).

[27] 徐冬梅.A 公司消费电子产品供应商管理优化研究(硕士学位论文)[D].广州:华南理工大学,2016.

[28] 叶飞,徐学军.供应链伙伴关系间信任与关系承诺对信息共享与运营绩效的影响[J].系统工程理论与实践,2009(8):36-49.

[29] 易树平,杨沅钊,李发权,等.基于过程改进的汽车零部件供应商绩效管理[J].计算机集成制造系统,2010(7).

[30] 尤筱玥,雷星晖,石涌江.基于汽车轻量化设计的绿色供应商评价准则研究[J].科学管理研究,2018,38(16):45-51.

[31] 郁玉兵,熊伟,代吉林.供应链质量管理与绩效关系研究述评与展望[J].软科学,2014,28(8),141-144.

[32] 张小将.基于平衡计分卡的战略供应商绩效评价体系研究[J].中国市场,2014(27).

[33] 赵建华,胡悦王.供应链的"质量牛鞭效应"研究[J].企业管理,2015(5):113-115.

[34] 赵振峰,郭丹霞,丁留明.Kraljic 矩阵和因子分析的采购物资定位模型[J].工业工程与管理,2008(1):67-73.

[35] 郑义健,邱思琦,明新国,等.O2O 模式下工业品供应商的评价选择[J].机械设计与研究,2018,34(1):164-171.

[36] 周卫标,段伟.基于模糊程度层次分析法和直觉三角模糊 TOPSIS 的 B2R 绿色供应商评价研究[J].数学的实践与认知,2019(3):1-11.

[37] AHIRE S, WALLER M, GOLHAR D. Quality management in TQM versus non-TQM firms:an empirical investigation[J]. International Journal of Quality & Reliability Management, 1996, 13(8):8-27.

[38] B YAHYA S K. Vendor rating for entrepreneur development Program:a case using the analytic hierarchy Process method[J]. journal of Operational Research Society, 1999, 23(4):45-50.

[39] BLEEKE JOEL, ERNST DAVID. Collaborating to compete[M]. New York:John Wiley & Sons, 1993.

[40] C A WEBER, J R CURRENT, W C BENTON. Vendor selection criteria and metheods[J]. European Journal of Operational Reasearch, 1991(50):2-18.

[41] C J ROBINSON, M K MALHOTRA. Defining the concept of supply chain quality management and its relevance to academic and industrial practice[J]. International Journal of Production Economics. 2004(3).

[42] DICKSON G W. An Analysis of Vendor Selection Systems and Decisions[J]. Journal of

Purchasing, 1966, 2(1): 5-17.

[43] FELIPE SANCHEZ GARZON, MANON ENJOLRAS, MAURICIO CAMARGO, et al. A green procurement methodology based on Kraljic Matrix for suppliers evaluation and selection: a case study from the chemical sector, Supply Chain Forum[J]. An International Journal, 2019(20): 3, 185-201.

[44] FILIP ROODHOOFT, JOZEF KONINGS. Vendor selection and evaluation and activity based costing approach[J]. European Journal of Operational Research, 1996(96): 97-102.

[45] GRANT MACKERRON, MANEESH KUMAR, ANDREAS BENEDIKT, et al. Performance management of suppliers in outsourcing project: case analysis from the financial services industry[J]. Production Planning & Control. 2015(2).

[46] K UENG P. Process performance measurement system: a tool to support process-based organizations [J]. Tot al Quality Management, 2000, 11(1): 67-85.

[47] KRALJIC P. Purchasing must become supply management [J]. Harvard Business Review, 1983, 61(5): 109-117.

[48] MAGGIE C Y TAM, V M RAO TUMMALA. An application of the AHP in vendor selection of a telecommunications system[J]. Omega, 2001(29): 171-182.

[49] NEELY A, M GREGORY, K PLATTS. Performance Measurement System Design: A Literature Review and Research Agenda. [J]. International Journal of Operations & Production Management 1995, 15 (4): 80-116.

[50] PEDERSEN D. Why relationships do not fit into purchasing portfo-lio models: A comparison between the portfolio and industrial network approaches[J]. European Journal of Purchasing&Supply Management, 2002(8): 35-42.

[51] S H GHODSYPOUR, C O'BRIEN. A decision support system for supplier selection using an integrated analytic hierarchy process and linear programming[J]. International journal of Production Economics, 1998(56): 199-212.

[52] SAEN RF. A new mathematical approach for suppliers selection: accounting for no homogeneity is important. [J]. Appl. Math. And Comput. 2007(185): 84-95.

[53] T L SAATY, J M ALEXANDER. Thinking With Models: Mathematial Models in the physical, Biological and Social Sciences[M]. Chapter 8, London: Pergamon Press, 1981.

[54] TIMMERMAN E. An approach to vendor performance evaluation[J]. Journal of Purchasing and Supply Management, 1986(1): 27-32.